世界文化鉴赏系列

现代汽车鉴赏

（家用汽车篇）

《深度文化》编委会 ◎ 编著

清华大学出版社
北京

内 容 简 介

本书是一本介绍家用汽车基础知识的科普图书，书中精心收录了近200款经典车型，轿车、运动型多用途车、多功能休旅车、皮卡、家用货车等经典车种均有涉及。每款车型都详细介绍了上市时间、外观造型、内饰设计、综合性能等知识，并配有精致美观的鉴赏图，全面展示了每款车型的内外风貌。

本书体例科学且简明，分析讲解深入透彻，图片精美而丰富，适合广大汽车爱好者、汽车行业从业人员、汽车收藏家、摄影爱好者以及潜在购车者阅读和收藏。同时，也可作为各大院校汽车相关专业、汽修培训机构师生的学习和辅助教材。

本书封面贴有清华大学出版社防伪标签，无标签者不得销售。
版权所有，侵权必究。举报：010-62782989，beiqinquan@tup.tsinghua.edu.cn。

图书在版编目（CIP）数据

现代汽车鉴赏. 家用汽车篇 /《深度文化》编委会编著. —北京：清华大学出版社，2024.5（2025.5 重印）
（世界文化鉴赏系列）
ISBN 978-7-302-66267-9

Ⅰ.①现… Ⅱ.①深… Ⅲ.①汽车—鉴赏—世界 Ⅳ.① U469

中国国家版本馆 CIP 数据核字（2024）第 096499 号

责任编辑：李玉萍
封面设计：王晓武
责任校对：张彦彬
责任印制：刘 菲

出版发行：清华大学出版社
网　　址：https://www.tup.com.cn，https://www.wqxuetang.com
地　　址：北京清华大学学研大厦 A 座　　邮　　编：100084
社 总 机：010-83470000　　邮　　购：010-62786544
投稿与读者服务：010-62776969，c-service@tup.tsinghua.edu.cn
质 量 反 馈：010-62772015，zhiliang@tup.tsinghua.edu.cn

印 装 者：小森印刷（北京）有限公司
经　　销：全国新华书店
开　　本：146mm×210mm　　印　　张：9.75　　字　　数：374 千字
版　　次：2024 年 6 月第 1 版　　印　　次：2025 年 5 月第 2 次印刷
定　　价：69.00 元

产品编号：101655-01

前言

随着人类经济社会的发展，人们的购买力得到大大增强，汽车进入寻常家庭越来越普遍。汽车在家庭中的地位已经不仅仅是遮风挡雨的通勤代步工具，更是一个会移动的家庭互动空间。毫无疑问，汽车的出现对于人类生活的影响是巨大的。随着科学技术的不断发展，汽车的设计、性能等也在不断得到提升，人们的生活节奏逐渐被改变。在人类社会的发展过程中，汽车从诞生到融入社会机体，不断地改变着人类生活的各个方面，凝聚并丰富着人类文化，推进着人类文明进程。汽车文化遍及社会生活中的各个角落，成为现代文明的重要体现。随着汽车技术的不断发展和人们生活水平的不断提高，汽车文化的形式也在不断延伸，并越来越深刻地改变着世界，影响着人们的社会生活。

本书是介绍家用汽车的科普图书，全书共分为6章，第1章详细介绍了汽车的诞生、家用汽车常见类型、汽车的车身结构以及汽车对社会环境的影响等相关知识，第2~6章分别介绍了轿车、运动型多用途车、多功能休旅车、皮卡、家用货车等常见车型。每款车型都详细介绍了上市时间、外观造型、内饰设计、综合性能等知识，并配有精美的鉴赏图以及该车型旗舰版的基本参数表格。通过阅读本书，读者可以深入了解家用汽车的发展脉络，并全面认识不同类型、不同品牌的家用汽车间的区别及特点。

本书是真正面向汽车爱好者的基础图书，编写团队拥有丰富的汽车类图书写作经验，并已出版了数十本畅销全国的图书作品。与同类图书相比，本书具有科学简明的体例、丰富精美的图片和清新大气的装帧设计。

　　本书由《深度文化》编委会创作，参与编写的人员有丁念阳、阳晓瑜、陈利华、高丽秋、龚川、何海涛、贺强、胡姝婷、黄启华、黎安芝、黎琪、黎绍文、卢刚、罗于华等。对于广大汽车爱好者，以及有意了解汽车知识的青少年来说，本书不失为一本极有价值的科普读物。希望读者朋友们能够通过阅读本书循序渐进地提高自己的汽车知识水平。

　　由于时间和编者经验有限，书中难免有疏漏和不足之处，恳请专家和读者不吝赐教。读者可以使用手机扫码下方的二维码获取本书赠送的写真图片等资源。

目 录

第 1 章　家用汽车漫谈　　1

汽车的诞生 2
家用汽车常见类型 5
汽车的车身结构 9
汽车对社会环境的影响 11

第 2 章　轿　车　　15

奥迪 A1 16
奥迪 A3L 17
奥迪 A4L 18
奥迪 A6L 19
奥迪 A8L 20
宝马 3 系 22
宝马 5 系 24
宝马 7 系 26
本田思域 28
本田思迪 30
本田雅阁 31
本田飞度 32
本田凌派 33
别克君威 34
别克君越 36
别克英朗 37
别克威朗 38
比亚迪汉 40
标致 508L 42
大众新款甲壳虫 43
大众帕萨特 44
大众高尔夫 46
大众 Polo 48
大众高尔 49

大众宝来 50	梅赛德斯 - 奔驰 A 级 88
大众辉腾 52	梅赛德斯 - 奔驰 B 级 90
大众朗逸 54	梅赛德斯 - 奔驰 EQE 92
大众辉昂 55	马自达 6 93
菲亚特 126P 56	欧宝英速亚 94
丰田卡罗拉 57	讴歌 RLX 96
丰田凯美瑞 58	起亚 K9 97
丰田亚洲龙 60	日产轩逸 98
丰田普锐斯 62	日产天籁 99
福特蒙迪欧 63	特斯拉 Model 3 100
福特福克斯 64	沃尔沃 S601 102
捷豹 XJ 66	沃尔沃 V40 104
捷豹 XEL 67	沃尔沃 S90 106
捷豹 XFL 68	现代伊兰特 108
凯迪拉克 CTS 69	现代雅科仕 110
凯迪拉克 XTS 70	雪佛兰迈锐宝 112
凯迪拉克 ATS-L 72	雪铁龙 C5 113
凯迪拉克 XTS-L 73	
凯迪拉克 SLS 赛威 74	
凯迪拉克 CT6 75	
凯迪拉克 CT5 76	
克莱斯勒 300 78	
雷克萨斯 ES 79	
雷克萨斯 LS 80	
雷克萨斯 GS 82	
梅赛德斯 - 奔驰 S 级 83	
梅赛德斯 - 奔驰 C 级 84	
梅赛德斯 - 奔驰 E 级 86	

第 3 章　运动型多用途车　　115

奥迪 Q2L 116
奥迪 Q3 117
奥迪 Q7 118
奥迪 Q5L 120
奥迪 Q8 121
宝马 X5 122
宝马 X3 124
宝马 X6 126
宝马 X1 128
宝马 X4 130
宝马 X2 131
宝马 iX 132
本田 BR-V 134
本田 CR-V 135
本田 WR-V 136
比亚迪唐 137
别克昂科拉 138
标致 2008 140
标致 3008 141
标致 4008 142
标致 5008 143
大众途观 144
大众途昂 146
大众途岳 148
丰田 C-HR 149
雪佛兰科帕奇 150

福特翼虎 152
福特锐际 154
福特锐界 155
福特彪马 156
福特领界 157
菲亚特 500X 158
丰田 RAV4 160
丰田威兰达 162
丰田锋兰达 163
丰田汉兰达 164
捷豹 E-Pace 166
吉普大指挥官 168
凯迪拉克 XT4 169
凯迪拉克 XT5 170
凯迪拉克 XT6 172
雷诺阿卡纳 174
雷诺科雷傲 175
林肯航海家 176
雷克萨斯 UX 178
雷克萨斯 RX 179
梅赛德斯 - 奔驰 GLA 级 180
梅赛德斯 - 奔驰 GLB 级 182
马自达 CX-5 184
马自达 CX-50 185
马自达 CX-60 186
欧宝安德拉 188

V

起亚 KX3 190	三菱欧蓝德 202
起亚 KX7 191	沃尔沃 XC40 204
起亚 KX5 192	五十铃 MU-X 205
日产逍客 194	现代途胜 206
日产途达 195	现代圣达菲 208
日产途乐 196	现代 ix35 209
日产奇骏 198	雪佛兰开拓者 210
日产劲客 200	英菲尼迪 QX50 212
三菱帕杰罗 201	英菲尼迪 ESQ 214

第 4 章　多功能休旅车　　　215

比亚迪 M6 216	丰田赛那 231
本田奥德赛 217	丰田埃尔法 233
本田时韵 219	福特 C-Max 235
本田艾力绅 220	福特途睿欧 236
本田弗里德 221	丰田威尔法 237
别克 GL8 223	丰田格瑞维亚 239
别克 GL6 225	梅赛德斯 - 奔驰 V 级 240
大众开迪 227	梅赛德斯 - 奔驰 R 级 241
大众途安 L 229	梅赛德斯 - 奔驰 T 级 243
大众威然 230	马自达 5 244

马自达 8 245

欧宝麦瑞纳 246

欧宝赛飞利 247

起亚卡伦斯 249

起亚嘉华 250

日产 NV200 251

现代 ix20 252

现代库斯途 253

雪佛兰沃兰多 255

第 5 章　皮　卡　　　257

本田山脊线 258

菲亚特斯特拉达 260

菲亚特托罗 262

福特独行侠 263

福特游骑兵 264

福特 F-150 猛禽 266

福特 Super Duty 268

丰田海拉克斯 269

丰田坦途 270

丰田塔科马 272

林肯布莱克伍德 274

日产纳瓦拉 275

日产泰坦 276

三菱 Triton 278

双龙穆索 280

大众阿玛洛克 282

现代汽车鉴赏（家用汽车篇）

五十铃 D-Max 283
雪佛兰索罗德 285
雪佛兰蒙大拿 287
雪佛兰科罗拉多 288
现代圣克鲁兹 289

第 6 章　家用货车　291

大众迈特威 292
福特全顺 294
梅赛德斯 - 奔驰凌特 296
日产君爵 298
三菱得利卡 300

参考文献　302

第1章　家用汽车漫谈

汽车工业是 20 世纪对人类生活影响最大的产业之一。汽车技术经过 100 多年的发展，通过前人不断的改进与创新，才使其成为今日这样具有多种外形、不同性能，并广泛用于社会生活多个领域的交通运输工具。

汽车的诞生

早在 1680 年，英国著名科学家艾萨克·牛顿便设想了喷气式汽车的方案，利用喷灌喷射蒸汽产生动力，从而推动汽车前行，不过他并未将这种设想付诸实施，因此没能制造出实物。

1769 年，法国人 N.J. 居纽制造了一台利用煤气燃烧产生蒸汽，从而产生动力驱动的三轮汽车，这辆汽车被命名为"卡布奥雷"。该车长 7.32 米，高 2.2 米，车架上放着一个梨形的巨大锅炉，控制方向的前轮直径达 1.28 米，后轮直径达到了 1.5 米，车速为 3.5～3.9 公里/时。由于动力原因，"卡布奥雷"每前进 12~15 分钟便需要停车加热 5 分钟。该车后来在一次行进中撞到砖墙，车体被碰得支离破碎。1771 年，居纽又造出了第二辆车，但该车却没有真正上路，现置于法国巴黎国家艺术馆展出。

1771 年的第二辆车

1860 年，法国工人鲁诺阿尔发明了内燃机，用大约 1 马力的煤气发动机来带动汽车，虽然效果不好，但却产生了划时代的影响。此后，不少人都开始改进内燃机，直到 1882 年德国工程师威廉海姆·戴姆勒发明了用电火花为发动机点火的自动点火装置。1883 年，戴姆勒完成了汽油发动机的研发，并尝试装配在二轮车、三轮车和四轮车上，制成了汽油发动机汽车。

1879年，德国工程师卡尔·本茨首次成功试验了一台二冲程实验性发动机，并于1883年10月创立"本茨公司和莱茵煤气发动机厂"。1885年，他又在曼海姆制成了第一辆三轮机动车，动力为一台二冲程单缸0.9马力汽油机。此车虽然只是三轮车，但却已经具备了一些现代汽车的特点，如火花点火、水冷循环、钢管车架、钢板弹簧悬架、后轮驱动前轮转向和制动手把等。1886年1月29日，卡尔·本茨为其机动车申请了专利，同年11月获得了专利权。

目前，世界上公认的第一辆现代汽车，便是卡尔·本茨设计的三轮汽车，人们一般也都将1886年作为汽车元年，但也有学者将卡尔·本茨制成第一辆三轮汽车之年（1885年）视为汽车诞生之年。

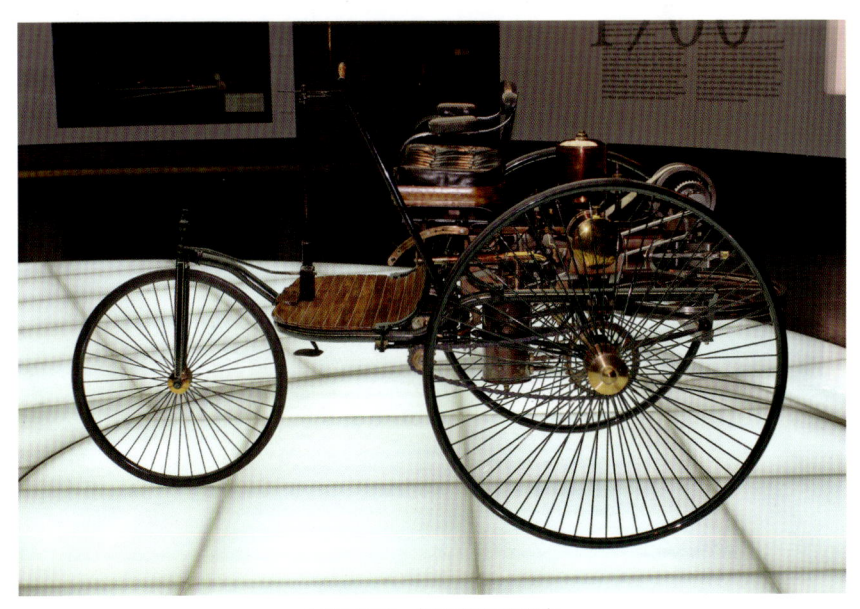

1886年第一辆现代化的汽车

19世纪末，汽车和摩托车在传动系统开始定型，而以内燃机燃烧石油制品的液体燃料中的汽油和柴油成为主流。不过当时的汽车仍然是用手工方式制造，虽然已经有由标准化的部件组成的量产车，但实际上汽车的产量仍然很少。汽车在实际上被定位为高端的奢侈品，尽管当时的所谓奢侈并不算很豪华，但只有富裕人士才买得起个人或家庭用的轿车。

美国汽车工程师与企业家亨利·福特在20世纪初开始研制一种可以

大量生产、低价出售的汽车，经过六次创业失败后，福特汽车终于在1908年成功把福特T型车放到装配线上生产以降低售价，又以分期付款的方式进一步实现了家庭普及化，而且品质甚至优于当时一些手工方式制造的高价车，因为它可以在泥地上行驶而不发生故障或意外。福特此举不只是影响了汽车制造业，更是影响到各行各业，尤其是广义的制造业，这使得T型车和福特汽车促进了美国和世界的经济和文化发展，甚至改变了人类的生活方式。因为即使不会或不能驾驶汽车的人群，仍然可以搭乘公共汽车，并直接或间接受惠于军车、货车、特殊用途汽车、工程车辆等其他汽车，所以汽车实际上变成了日用品并有取代人畜动力车辆的趋势。

福特T型车的生产装配线

汽车问世百余年来，特别是自汽车的大批量生产及汽车工业的大发展以来，汽车已对世界经济的发展产生了无法估量的巨大影响，为人类社会的进步做出了不可磨灭的巨大贡献。在许多发达国家，汽车已普及千家万户，促使社会生活发生了巨大的变化。

汽车作为一种交通工具而产生，但时至今日，人类社会及人们生活的"汽车化"改变了当代社会的面貌，汽车已经成为当代物质文明与进步的象征及文明形态的一种代表。

第 1 章 家用汽车漫谈

现代城市道路上行驶的汽车

家用汽车常见类型

轿车

轿车是指用于载送人员及其随身物品,且座位布置在两轴之间的汽车。包括驾驶者在内,座位数最多不超过九个。家用轿车也可称为私人轿车或个人轿车,一般为私人所有,是最典型的家用汽车。

各国汽车工业的起飞,主要就是靠开发能够进入家庭的、物美价廉的家用轿车。没有这些大众化的家用轿车,汽车就只能是少数人的奢侈品,就不可能进入普通家庭。而不进入普通家庭,就没有汽车的大规模的流水生产,也就没有各国汽车工业的今天。从某种意义上说,开发具有广大市场的家用轿车,是国外汽车工业发展成功之路。

在世界轿车发展史上,轿车消费家庭化都是从经济型轿车的发展开始的,在绝大多数发达国家,经济型轿车都是家用轿车市场的主流。现今世界上,节能、环保、紧凑型的经济型轿车备受消费者的青睐,发展经济型

现代汽车鉴赏（家用汽车篇）

轿车产业更受到各国政府的鼓励和支持。各大汽车制造商也大力推出各种小型车以满足市场的需求。

雷克萨斯 LS 的轿车结构

▶▶▶ 运动型多用途车

运动型多用途车也就是我们常说的 SUV，是一种同时拥有旅行车般的舒适性和空间机能，加上运动型跑车的牵引力和越野车的能力的汽车类型。在 20 世纪 90 年代，SUV 是美国与全球汽车市场的主流种类，这种车既适合城市行走，又适合野外奔驰，因此得到许多车主的青睐。近年来，SUV 逐渐呈现出从运动型向休闲型发展的趋势，且现代家庭的休闲需求也在日益增多，SUV 已经成为家庭汽车市场增长的主力。

劳斯莱斯库里南 SUV 车型

第 1 章 家用汽车漫谈

▶▶▶ 多功能休旅车

多功能休旅车（MPV）又被称为迷你厢型车，其集旅行车的宽大乘员空间、轿车的舒适性和厢式货车的功能性于一身，一般为两厢式结构。MPV 拥有一个完整宽大的乘员空间，这使它在内部结构上具有很大的灵活性，这也是 MPV 最具吸引力的地方。车厢内可以设置 7~8 个座位，还有一定的行李空间；座椅布置灵活，可全部折叠或放倒，有些还可以前后左右移动甚至旋转。随着家庭结构的变化以及油价的提升，MPV 开始成为一种全新的汽车家庭式消费。这种家庭式消费的增多，也将大大加速 MPV 进入家庭用车市场。

福特 C-Max（第二代车型）

▶▶▶ 皮卡

皮卡是一种在驾驶室后方设有无车顶货厢，货厢侧板与驾驶室连为一体的轻型载货汽车。皮卡市场是汽车市场的一个重要组成部分，首先它的功能优势在于其兼具了家用车和商用车的双重特性（客货两用），具有显著的商用和家庭工具车特征。其次是皮卡车的构造多样化满足了人们更广泛的需求。相比于轿车，它的载货能力和适应不良路面的能力更强。而相较于轻卡和微卡，它有安全性和驾乘舒适性更佳的优点。一般情况下，皮

7

现代汽车鉴赏（家用汽车篇）

卡既可作为专用车、多用车、公务车、商务车，也可作为家用车，用于载货、旅游、出租等。

丰田海拉克斯（第八代车型）

▶▶ 家用货车

家用货车最常见的就是厢式货车，这种车内部空间大、座椅多，与轿车相比，它可以装载更多乘员和货物。这种车具有价格低廉、种类较多、经济实用等特点，既可作为家用代步工具，也可用于载物及商用，是一种实惠车型。

欧式家用货车

汽车的车身结构

厢形车身

厢形车身是指犹如箱子的车身造型。1915年，美国福特汽车公司的T型车由篷体改为厢体。厢体是矩形的，其外形特点就像一只大箱子，并装有门和窗，人们称这类车为"厢形汽车"，它奠定了以后汽车的基本造型。当时的汽车受到马车的影响，车身高，因此空气阻力很大。汽车要想提高车速，就须尽力加大发动机的功率和减轻车身重量。从1920年开始，汽车车身由以敞篷为主转变到以封闭的厢形车身为主。为了减轻重量，开始大量采用薄钢板作为车身材料。1924年通用汽车公司开始采用不同颜色的面漆，从而改变了汽车都是黑色的传统形象。

厢形车身

甲壳虫形车身

20世纪30年代，为提高汽车车速，汽车设计师开始运用空气动力学原理来减小风阻系数。轿车车身高度逐步降低到1.4米，车宽逐渐增大。车身截面从四方形变为椭圆形，从而减小了迎风面积。1937年，德国设计师费尔南德·保时捷开始设计类似甲壳虫外形的汽车。但这种车身也有明显的缺点：一是乘员活动空间狭小，后排乘客头顶上部几乎碰到车顶；二是车身对横向风力不稳定，受风后容易使汽车偏离原来行驶的车道，这在汽车高速行驶时容易发生危险。因此，甲壳虫形车身后来被船形车身汽车所取代。

现代汽车鉴赏（家用汽车篇）

甲壳虫形车身

▶▶▶ 船形车身

20世纪50年代，为创造舒适、宽敞的乘坐空间，出现了船形车身的轿车，并由此成为当代轿车造型的主流。1949年，福特汽车公司的V8轿车首先被设置为船形车身。船形车身的主要特点是开始应用人体工程学来设计车身，把乘坐位置放在振动最小的汽车中部。发动机在前部，行李舱在后部，还取消了脚踏板和单独的翼子板，扩大了汽车的内部空间，同时也减小了汽车侧面的空气阻力。因此，船形车身汽车受到了广泛的欢迎，一直盛行不衰。

船形车身

▶▶▶ 鱼形车身

船形车身尾部过分向后伸出形成阶梯状，在高速行驶时会产生较强的空气涡流。为了克服这一缺陷，人们把船形车身的后窗玻璃逐渐倾斜，倾斜的极限即成为斜背式。由于斜背式汽车的背部像鱼的脊背，所以这种车身便被称为"鱼形车身"。鱼形车身基本上保留了船形车身的长处，车身宽大，

10

视野开阔，舒适性也好。另外，鱼形车身还增大了行李舱的容积。不过鱼形车后窗玻璃倾斜太甚，面积增加两倍，强度下降，会产生结构上的缺陷。

鱼形车身

楔形车身

楔形车身就是将车身整体向前下方倾斜，车身后部像刀切一样平直，这种造型能有效地减小升力。楔形车身是从空气动力学的角度来设计的，这类车型通常现代感和速度感比较强。楔形车身造型主要在赛车上得到广泛应用。因为赛车首先要考虑空气动力学等问题对汽车的影响，车身可以完全按楔形制造，而把乘坐的舒适性作为次要问题来考虑。

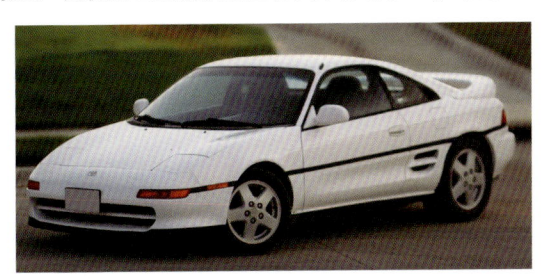

楔形车身

汽车对社会环境的影响

尾气污染

随着汽车数量的不断增长，汽车尾气污染已成为大气质量不断恶化的主要来源。

现代汽车鉴赏（家用汽车篇）

汽车尾气中主要包含一氧化碳、氧化氮、碳氢化合物以及对人体产生不良影响的固体颗粒。一氧化碳和人体红细胞中的血红蛋白有很强的亲和力，亲和后生成的碳氧血红蛋白会造成人体内部缺氧，危害人的中枢神经系统，轻者眩晕、恶心、虚脱，重者随时可能诱发心绞痛、冠心病等疾病。碳氢化合物和氮氧化合物也会产生毒性很强的光化学烟雾。1943年，在美国加利福尼亚州的洛杉矶市发生了"光化学烟雾事件"。汽车尾气中的碳氢化合物等在太阳紫外光线照射下发生化学反应，产生浅蓝色烟雾，使该市大多数市民患上了眼红、头疼病。1955年和1970年洛杉矶又两度发生"光化学烟雾事件"，前者有400多人因中毒、呼吸衰竭而死亡，后者使全市四分之三的人患病。这就是历史上被人们称为"世界八大公害"和"20世纪十大环境公害"之一的洛杉矶"光化学烟雾事件"。

近年来，随着人们环保意识的不断增强，空气中的固态污染物越来越被人们所关注，PM2.5一度成为人们关注的热点话题。汽车尾气中的固体颗粒可通过呼吸而侵入人体，对人体的呼吸系统产生极大的危害。其中被人们所关注的PM2.5是指空气动力学中直径小于等于2.5微米的颗粒物，被吸入人体后会直接进入支气管，干扰肺部的气体交换。此外，固体颗粒物还会因重力沉降在绿色植物叶面，干扰植物的呼吸作用和光合作用。而且由于颗粒污染物多为多孔状结构，对大气中气态污染有一定的吸附作用，因而可以与气态污染物一起进行协同迁移，扩大气态污染物的污染范围和延长其停留时间。更可怕的是，固体污染物会影响日照时间和地面能见度，改变局部地区的小气候条件，进而影响自然生态系统。

开发电动汽车及代用燃料汽车是解决汽车尾气污染问题的方法之一。这种方法可以使汽车根本不产生或只产生很少的污染气体。另外，改善汽车动力装置和燃油质量也是解决汽车尾气污染问题的有效方法。采用设计优良的发动机、改善燃烧室结构、采用新材料、提高燃油质量等都能使汽车排气污染减少，但是不能达到"零排放"。

采用一些先进的机外净化技术对汽车产生的废气进行净化可以减少污染。汽车尾气净化催化剂是控制汽车尾气排放，减少汽车尾气污染的最有效的手段。这种方式主要是用贵金属和稀土做汽车尾气净化催化剂。贵金属催化剂主要选用铂、钯等做催化剂，具有活性高、寿命长、净化效果好等优点，很具实用性，但很难广泛推广；稀土汽车尾气净化催化剂是采用稀土、碱土金属和一些碱金属制备的催化剂；也有用稀土加少量贵金属制备的催化剂。稀土汽车尾气净化催化剂所用的稀土主要是以氧化铈、氧化锆和氧化镧的混合物为主,其中氧化铈是关键成分。由于氧化铈的氧化还原特性,可以有效地控制排放尾气的组成,能在还原条件下供氧,或在氧化条件下耗氧。二氧化铈还在贵金属气氛中起稳定作用,以保持催化剂较高的催化活性。

汽车排放的尾气

噪声污染

随着汽车工业和城市交通的发展,汽车拥有量日益增多。据国外资料统计,机动车辆所包括的总功率比其他各种动力机构功率的总和大 20 倍以上。它们所辐射的噪声能量约占整个环境噪声能量的 75%。各种调查和测量结果表明,城市交通噪声是目前城市环境中最主要的噪声源。

噪声是发声体做无规则运动时发出的声音,声音由物体振动引起,以波的形式在一定的介质(如固体、液体、气体)中进行传播。我们通常所说的噪声污染是指人为造成的噪声污染。从生理学观点来看,凡是干扰人们休息、学习和工作的声音,即不需要的声音,统称为噪声。当噪声对人及周围环境造成不良影响时,就会形成噪声污染。噪声污染对人、动物、仪器仪表以及建筑物均构成危害,其危害程度主要取决于噪声的频率、强度及暴露时间。噪声危害主要包括噪声对听力的损伤,噪声能诱发多种疾病,对生活工作的干扰以及特强噪声对仪器设备和建筑结构的危害。

汽车噪声过大会影响汽车的舒适性、语言清晰度,甚至影响驾驶员和乘客心理、生理健康,如驾驶员长期处于噪声环境中容易产生疲劳,从而导致发生交通事故危及乘员生命;同时,汽车噪声过大也会影响路人的身心健康,人们长时间接触噪声,会耳鸣、多梦、心慌及烦躁,或直接引起听力下降甚至失聪,其中由车辆噪声间接引发的交通事故,也并不鲜见。

汽车是一个包括各种不同性质噪声的综合噪声源,按噪声产生的部位,主要可分为与发动机有关的噪声和与排气系统有关的噪声以及与传动系统和轮胎有关的噪声。

发动机噪声包括燃烧、机械、进气、排气、冷却风扇及其他部件发出的噪声。在发动机各类噪声中,发动机燃烧噪声和机械噪声是主要噪声。

排气系统的噪声来自发动机排出废气时,在排气门附近,排气歧管内及排气管口气体压力发生剧烈变化,在空气中和排气管内产生压力波,辐射出很强的噪声。

汽车传动系统包括离合器、变速箱、传动轴、驱动桥等。传动系统噪声

现代汽车鉴赏（家用汽车篇）

主要来源于变速齿轮啮合传动的撞击、振动和传动轴的旋转振动。另外，箱体轴承等方面也影响着噪声的大小。齿轮噪声以声波向空间传出的仅是一小部分。而大部分则成了变速箱、驱动桥的激振使各部分产生振动而变为噪声。

轮胎噪声是汽车的另一个重要的噪声源。轮胎噪声是由轮胎与路面摩擦所引起的，通常由三部分组成：一是轮胎花纹间隙的空气流动和轮胎四周空气扰动产生的空气噪声；二是胎体和花纹部分振动产生的轮胎振动噪声；三是当汽车通过凸凹不平的路面时，凹凸内的空气因受挤压和排放，类似于气泵的作用而形成的噪声。

噪声控制主要包括从机械原理出发的噪声控制、从声学原理出发的噪声控制和主动控制。

从声学原理出发的噪声控制措施主要包括吸声、隔声、减震、密封等。吸声材料和吸声结构在汽车上主要应用于发动机和车内降噪。隔声降噪主要应用于发动机。例如发动机罩就是一种典型的隔声罩，它将噪声辐射强烈的发动机遮蔽起来，减少噪声的透射。减震降噪则可加强顶棚等大面积钣件的刚度，尽量少用大面积钣金件；覆盖件采用加强筋增大刚度，防止车身自身振动。此外，在汽车制造过程中，应注意对车门、车窗等缝隙进行密封处理，以减少噪音的进入和透过。

噪声的主动控制通常是利用声波干涉的原理进行以声消声的控制。当两个声波在叠加点处振动的方向一致、频率相同及相位差恒定时，它们会发生干涉现象，引起声波能量在空间的重新分配，此时利用人为的声源（次级声源），使其产生的声场与原噪声源（初级声源）产生的声场发生相干性叠加，产生"静区"，从而达到降低噪声的目的。

也有从机械原理出发的噪声控制措施。随着材料科技的发展，各种新型材料应运而生，用一些内摩擦较大的合金、高强度塑料生产机器零件，对于风扇可以选择最佳叶片形状来降低噪声；齿轮改用斜齿轮或螺旋齿轮，啮合系数大，可降低噪声3~16dB；改用皮带传动代替一般的齿轮传动，因为皮带能起到减震阻尼作用；选择合适的传动比也能降低噪声；提高零部件加工精度和装配质量，使机件的摩擦尽量减少从而将噪声降低；减小偏心振动以及提高机壳的刚度来减小噪声。这项措施主要取决于汽车的研发和生产组装等环节，一般是在车辆出厂时采取的降噪措施，在后期的使用和维护过程中，避免机械设备和车辆的空载和超载，选用好的润滑油脂，都可以降低噪声。

第 2 章 轿 车

在发达国家，汽车早已普及，很多家庭都有一辆甚至多辆家用轿车。因此，家用轿车在全部汽车保有量中数量最大，在汽车市场所占的份额也最大。各大汽车公司一直都把家用轿车作为它们生产经营的重点。

现代汽车鉴赏（家用汽车篇）

奥迪 A1

奥迪 A1（Audi A1）是德国奥迪汽车公司在 2010 年推出的一款小型轿车，至今已发展至第二代。作为奥迪推出的首款高档小型轿车，奥迪 A1 为奥迪品牌开辟了全新的细分市场。

奥迪 A1 的设计充分展现了奥迪品牌全球领先的设计水准，汽车前脸设计带有明显的奥迪家族特征，但在细节上却显示出自己的特色和创新。例如，奥迪 A1 的六边形一体式进气格栅中那些横向线条并非简单的直线，而是被精心设计成带有棱角的环形，这赋予整个进气格栅更显著的层次感与品质感。由于采用包围式设计，当尾门掀起时，全部尾灯会随之掀起，而为了确保停车状态下的安全，奥迪 A1 在其车尾两侧又增加了两个 LED 灯。

奥迪 A1 内饰中的每处细节都能展现出奥迪品牌一贯领先的品质标准，仪表盘的周围由手感绝佳的软质材料包裹，所有按钮和控制键，包括开门手柄均可实现最为精确的操作。仪表盘上设有收音机控制键和 MMI 信息娱乐系统的控制终端。奥迪 A1 在中控台顶部安放了折叠式 6.5 英寸高清晰显示屏，只需轻按屏幕的控制按键，显示屏就可从仪表盘缓慢弹起。

基本参数 (2018 年款旗舰版)

上市时间	2018 年 5 月
级别	小型轿车
车身结构	5 门 4 座两厢车
驱动方式	前置前驱
发动机	1.4T 125 马力 L4
变速箱	7 挡干式双离合
长×宽×高(毫米)	3987×1746×1422
轴距	2458 毫米
整备质量	1240 千克
最高车速	204 公里/时
0~100 公里/时加速	8.9 秒

奥迪 A3L

奥迪 A3L（Audi A3L）是中国一汽奥迪汽车公司在奥迪 A3 的基础上研制开发的一款紧凑型轿车。

外观方面，奥迪 A3L 采用了奥迪家族式的设计方式，汽车前脸中大尺寸六边形造型的进气格栅，中网内部采用蜂窝状镂空式的设计，搭配犀利的大灯和流畅的车身线条，整体看起来非常年轻时尚。

内饰方面，采用有棱有型的设计，各处倒角都遵循直线原则。但又在包裹的细节上有精致的过渡，并和外观的棱线风格保持一致。12.3 英寸的液晶仪表盘搭配一块 10.1 英寸的触控大屏，加上精致的电子档把，运动科技感都表现得非常亮眼。对于整个中央操纵台的按键布局进行了大幅缩减，仅仅保留了启动按键、挡位切换拨片、多媒体的触感旋钮和一个 P 挡按键。车内最独特的地方要数主驾驶位的出风口，采用了很少见的布置方式——高耸在仪表盘两侧。

基本参数 (2022 年款旗舰版)	
上市时间	2022 年 2 月
级　别	紧凑型轿车
车身结构	4 门 5 座三厢车
驱动方式	前置前驱
发动机	1.4T 150 马力 L4
变速箱	7 挡干式双离合
长×宽×高(毫米)	4554×1814×1429
轴　距	2680 毫米
整备质量	1420 千克
最高车速	210 公里/时
0~100 公里/时加速	9.1 秒

奥迪 A4L

奥迪 A4L（Audi A4L）是奥迪公司在中国市场应对配置变化及市场需求而生产的一款奥迪 A4 衍生车型，也是首款针对中国市场加长轴距的历史性车型。

奥迪 A4L 引领了中国汽车市场的"L"风潮，将驾驶乐趣与乘坐舒适性真正融为一体，成为中国汽车发展史上的一次重要里程碑。奥迪 A4L 专为中国市场研发了部分技术和装备，包括更宽敞的后排空间，车身比欧洲版长 60 毫米；舒适底盘，高于欧洲版奥迪 A4 底盘 13 毫米，从而达到更佳的舒适性和通过性；燃油识别系统，点火时可以自动识别燃油品质，获得最佳的燃烧效率，使发动机始终保持动力强劲与节能减排的高度平衡；为中国消费者量身定制的座椅；更加精致的内饰和内外多处镀铬装饰件，符合中国消费者审美需求等。

基本参数（2021 年款旗舰版）

上市时间	2021 年 12 月
级别	中型轿车
车身结构	4 门 5 座三厢车
驱动方式	前置四驱
发动机	2.0T 252 马力 L4
变速箱	7 挡湿式双离合
长×宽×高（毫米）	4858×1847×1411
轴距	2908 毫米
整备质量	1725 千克
最高车速	240 公里/时
0~100 公里/时加速	6.6 秒

奥迪 A6L

奥迪 A6L（Audi A6L）是中国一汽奥迪汽车公司在德国奥迪 A6 的基础上研发的一款中大型轿车，同时也是第一款进入中国市场的奥迪车型。

A6L 基于奥迪最新的 MLB Evo 平台，外观方面采用了奥迪最新家族式设计方式，硕大的六边形中网依旧是奥迪的大嘴式设计。两侧大灯也变得更加犀利有型，加上硬朗的直线元素，令整个车身更具运动感。

基本参数 (2022 年款旗舰版)	
上市时间	2022 年 8 月
级　别	中大型轿车
车身结构	4 门 5 座三厢车
驱动方式	前置四驱
发动机	3.0T 340 马力 V6
变速箱	7 挡湿式双离合
长 × 宽 × 高 (毫米)	5050×1886×1475
轴　距	3024 毫米
整备质量	1995 千克
最高车速	250 公里 / 时
0~100 公里 / 时加速	5.6 秒

A6L 在内饰及材料选用等方面进行了精心的设计。光导纤维及 LED 照明技术的使用，门把手、储物槽及迎宾踏板的氛围照明，能够营造出更加舒适的氛围以及更加宽广的空间感。同时，位于中控台、脚步空间的车内氛围照明也带来了更加明确的方位感。A6L 在同级别车型中首次使用了全景天窗，可通过车内多处按钮进行操作，也可通过中控锁功能遥控操作。

现代汽车鉴赏（家用汽车篇）

奥迪 A8L

奥迪 A8L（Audi A8L）是中国一汽奥迪汽车公司在德国奥迪 A8 的基础上推出的一款轿车。

在轻量化铝质结构领域中，奥迪是开拓者和技术领先者。十多年来，铝材及轻量设计中心在奥迪所取得的成就中一直扮演着重要角色。因此，奥迪 A8L 同样采用 ASF 全铝车身框架结构，这种结构不仅坚固耐用，而且减轻了车身重量。该车首次设置了 LED 日间行车灯，不仅增添了轿车外观的独特性，而且能够有效地提高安全性。LED 日间行车灯在点火时自动开启。

基本参数 (2022 年款旗舰版)	
上市时间	2022 年 8 月
级　别	大型轿车
车身结构	4 门 5 座三厢车
驱动方式	前置四驱
发动机	4.0T 460 马力 V8
变速箱	8 挡手自一体
长×宽×高（毫米）	5302×1945×1483
轴　距	3128 毫米
整备质量	2295 千克
最高车速	250 公里 / 时
0~100 公里 / 时加速	4.4 秒

内饰方面，奥迪 A8L 搭载了奥迪第二代虚拟座舱技术，没有采用以往常用的悬浮式中控屏设计技术。此外，该车还采用了更为隔音的发动机舱盖、前风挡玻璃和优化风噪的轮眉，在不增加车身重量的前提下，奥迪 A8L 的发动机运转噪声、道路噪声和环境噪声水平在同级别车型中都降到了最低。

第 2 章 轿 车

奥迪 A8L 前侧方视角

奥迪 A8L 内饰

21

宝马 3 系

宝马 3 系（BMW 3 Series）是德国宝马汽车公司在 1975 年推出的一款中型轿车，至今已发展至第七代。2003 年，宝马集团与华晨汽车集团合资在中国建厂，开启了宝马在中国市场的新篇章。华晨宝马汽车公司在宝马 3 系第四代时便将其引入国内，也是从这代车型开始，宝马 3 系正式踏上了在华国产之路。

第七代宝马 3 系基于宝马 CLAR 平台生产，平台化生产使得主机厂在生产不同车系时，可以缩短研发时间、降低研发成本，无需在每款车型上做重复性测试。外形方面，第七代宝马 3 系全新的犀利大灯采用了双"L"形日间行车灯设计，整体的辨识度和视觉冲击力很强，尤其是最新一代车型的线条，展现出的运动感和流畅度非常突出，最新的镀铬装饰五星轮毂，相比老款车型带来的运动感也更强。

此外，该车在空间和舒适度上提升得也比较明显，整体的轴距有所增加，后排座椅的收视度有所增长，大尺寸的贯穿式屏幕，展现了很强的科技感。

基本参数 (2023 年款旗舰版)	
上市时间	2022 年 8 月
级别	中型轿车
车身结构	4 门 5 座三厢车
驱动方式	前置四驱
发动机	2.0T 245 马力 L4
变速箱	8 挡手自一体
长×宽×高（毫米）	4838×1827×1454
轴距	2851 毫米
整备质量	2070 千克
最高车速	250 公里 / 时
0~100 公里 / 时加速	6.3 秒

第 2 章 轿 车

宝马 3 系（第七代车型）前侧方视角

宝马 3 系（第七代车型）内饰

23

宝马 5 系

宝马 5 系（BMW 5 Series）是德国宝马汽车公司于 1972 年推出的一款中型轿车，至今已发展至第七代。中国在 2003 年引进该车型，凭借优雅气质、宽敞空间和澎湃动力，使宝马 5 系在中国市场供不应求。

第七代宝马 5 系采用"天使眼"大灯，大灯两侧与进一步加大的"双肾"格栅相连，在提升视觉宽度的同时也让该车更加具有层次感。尾灯也采用了三维立体式设计方式，看上去有更强的视觉冲击感。

内饰方面，中控屏由内嵌式换为悬浮式并内置了最新的 iDrive 车机系统，同时仪表盘也从机械指针换为全液晶仪表，为车内营造出非常浓烈的科技氛围。配置方面同样丰富，除常规配置外，还配备了电子触屏式车钥匙、动态光束自适应 LED 大灯、手势和语音控制的中控屏幕以及能短暂脱手的自动驾驶系统等。

基本参数 (2022 年款旗舰版)	
上市时间	2022 年 8 月
级　别	中型轿车
车身结构	4 门 5 座三厢车
驱动方式	前置后驱
发动机	2.0T 252 马力 L4
变速箱	8 挡手自一体
长×宽×高（毫米）	5106×1868×1500
轴　距	3105 毫米
整备质量	1775 千克
最高车速	250 公里 / 时
0~100 公里 / 时加速	6.9 秒

第 2 章 轿 车

宝马 5 系（第七代车型）侧前方视角

宝马 5 系（第七代车型）内饰

25

宝马 7 系

宝马 7 系（BMW 7 Series）是德国宝马汽车公司在 1977 年推出的一款大型轿车，至今已推出第七代。

第七代宝马 7 系在外观设计方面进行了大胆的革新，前脸部分配备大尺寸的"双肾"型前进气格栅，尺寸面积达到宝马之最。新款车型的前大灯组也进行了调整，分体式的造型设计与劳斯莱斯有着异曲同工之处，主光源带有随动转向功能，并且格栅周边的饰板之内也隐藏着环状灯带。车尾部分采用分层式设计，两侧全 LED 尾灯的尺寸不大，不过内部进行熏黑处理，内置"L"形示廓灯，并且有着精致的印花图案作为装饰。

基本参数 (2022 年款旗舰版)	
上市时间	2022 年 7 月
级 别	大型轿车
车身结构	4 门 5 座三厢车
驱动方式	前置四驱
发动机	3.0T 340 马力 L6
变速箱	8 挡手自一体
长×宽×高(毫米)	5273×1902×1498
轴 距	3210 毫米
整备质量	2039 千克
最高车速	250 公里/时
0~100 公里/时加速	5.1 秒

不同于很多车系采用的环抱式座舱设计，新一代宝马 7 系更强调的是一种艺术延展性，不仅全车物理按键的数量大幅减少，还首次加入贯穿整个前排仪表板和车门的环抱式交互光带，功能上除了充当交互式氛围灯外，还集动态美学艺术与功能按键于一体，并将前排空调出风口嵌入其中，彰显现代豪华感。

第 2 章　轿　车

宝马 7 系（第七代车型）侧前方视角

宝马 7 系（第七代车型）内饰

本田思域

本田思域（Honda Civic）是日本本田公司在1972年生产的一款紧凑型轿车，至今已发展到第十一代。该车型在2006年进入中国市场，凭借其独特的设计、良好的燃油经济性和出色的驾驶性能，受到了广大消费者的喜爱。

第十一代思域采用本田全新设计形式，整体风格爽快简洁。狭长的大灯与黑色前格栅相连，使得前脸的视觉效果更舒展；侧面从前翼子板一气呵成贯穿至尾灯，腰线下调带来低重心视觉感的同时，也使得车内乘员视野更开阔通透；双"L"形组合尾灯，点亮后辨识度十足。狭长的大灯与黑色前格栅相连，车型线条流畅舒展，车身比例明亮轻快。动力方面，第十一代思域依然搭载1.5T涡轮增压发动机，在驾驶时，能够带给驾驶者轻快的转向体验；优化了发动机转速与加速踏板的匹配，瞬时加速性能和平顺的动力输出，使驾驶者能够在城市道路和高速公路上获得卓越的驾驶体验。

基本参数(2023年款旗舰版)	
上市时间	2022年8月
级　　别	紧凑型轿车
车身结构	4门5座三厢车
驱动方式	前置前驱
发动机	2.0L 143马力 L4
变速箱	E-CVT无级变速
长×宽×高(毫米)	4674×1802×1420
轴　　距	2735毫米
整备质量	1501千克
最高车速	180公里/时
0~100公里/时加速	7.5秒

第 2 章 轿 车

本田思域（第十一代车型）前侧方视角

本田思域（第十一代车型）内饰

29

现代汽车鉴赏（家用汽车篇）

本田思迪

本田思迪（Honda City）是日本本田汽车公司于 1981 年开始销售一款的小型轿车。思迪早年是针对日本、澳洲及欧洲市场需求研制的小型掀背车，但这个系列在 1994 年第二代停产后被停用。2006 年 4 月，广汽本田汽车公司再次推出了思迪三厢小型轿车。

基本参数(2007 年款旗舰版)	
上市时间	2006 年 11 月
级　　别	小型轿车
车身结构	4 门 5 座三厢车
驱动方式	前置前驱
发动机	1.5L 107 马力 L4
变速箱	5 挡自动
长×宽×高（毫米）	4390×1690×1505
轴　　距	2450 毫米
整备质量	1132 千克
最高车速	175 公里 / 时
0~100 公里 / 时加速	7.3 秒

作为一款三厢家庭用车，思迪在保持了广汽本田车型传统的经济性、舒适性优势的同时，外形更加具有吸引力，而且加长后的车头及车尾增强了车辆在发生碰撞时的安全性，强化后的底盘系统增强了车辆的操控性，同时也增强了车辆的整体安全性。该车搭载了先进的发动机及变速器，从而使得它拥有超越同级车型的超低油耗。内饰方面，思迪延续了本田营造超大空间的造车理念，通过调节座椅高度和方向盘高度，驾驶者很容易找到适合自己的驾驶位置，而且前后风挡的面积都很大，能够提供更加清晰的视野。多方面得到完善的思迪无需强调单一特性，综合实力的提升无疑让这款车型更具市场竞争力。

本田雅阁

本田雅阁（Honda Accord）是日本本田汽车公司在1976年推出的一款中型轿车，至今已发展至第十一代。中国在1999年开始引进该车型，由广汽本田汽车公司进行生产和销售。

作为换代车型，第十一代雅阁采用了本田家族最新的设计方式，前脸采用了六边形中网格栅设计，狭长造型的前大灯与之衔接，下半部分横条幅的进气口设计，两侧加入了镀铬装饰，整体设计上更加扁平化，视觉上也更显年轻化。

内饰方面，雅阁全系标配10.2英寸液晶仪表，中控配备12.3英寸悬浮式显示屏。值得一提的是，这是本田家族史上配备尺寸最大的中控屏。蜂窝形状贯穿式的空调出风口，极为亮眼。功能配置方面，本田的安全超感驾驶辅助系统自然也不会缺席。

基本参数 (2022年款旗舰版)	
上市时间	2021年10月
级别	中型轿车
车身结构	4门5座三厢车
驱动方式	前置前驱
发动机	2.0L 146马力 L4
变速箱	E-CVT 无级变速
长×宽×高(毫米)	4908×1862×1449
轴距	2830毫米
整备质量	1609千克
最高车速	180公里/时
0~100公里/时加速	7.6秒

现代汽车鉴赏（家用汽车篇）

本田飞度

本田飞度（Honda Fit）是日本本田汽车公司在 2001 年推出的一款小型轿车，至今已发展至第四代。我国早在第一代车型时便将其引进，并由广汽本田汽车公司生产。

最新一代本田飞度在同级中首次搭载先进的"安全超感"系统，包含主动巡航控制系统、车道偏移抑制系统、车道保持辅助系统、碰撞缓解制动系统等。外观方面，进气格栅网格由蜂窝形状组成。两侧的前大灯结合下方的嵌入式进气口和雾灯，展现出很强的三维效果。侧面部分，锋利腰线贯穿于整个车身，再加上两色多辐轮圈，进一步增强了运动感。而汽车的尾灯尺寸较大，多条折线也展现出良好的光影效果。内饰方面，驾驶位置配备了双辐多功能方向盘和白色面板，其 7 英寸的全液晶仪表，可显示丰富的信息。车内储物空间多而且实用，提升了整车的实用性。

基本参数（2021 年款旗舰版）	
上市时间	2020 年 8 月
级别	小型轿车
车身结构	5 门 5 座两厢车
驱动方式	前置前驱
发动机	1.5L 131 马力 L4
变速箱	CVT 无级变速
长×宽×高（毫米）	4109×1694×1537
轴距	2530 毫米
整备质量	1137 千克
最高车速	190 公里/时
0~100 公里/时加速	10.6 秒

本田凌派

本田凌派（Honda Crider）是中国广汽本田汽车公司于 2013 年推出的一款轿车。

本田凌派采用家族式前脸设计方式，极其宽大的镀铬条被设计到中网上方，下方为蜂窝式进气格栅，整体显得既时尚又有动感。羽翼式 LED 大灯的设计格外新颖，并具有较高的辨识度。内饰同样采用本田家族式的设计方式，整体布局简洁且具有层次感。内饰中运用了更多的软性材质，做工更加精细考究，质感有了一定的提升。舒适配置方面，前排座椅加入了座椅加热，后排则加入了空调出风口。在配置上最值得一提的是后排中央扶手一体式多功能桌板，设计相当巧妙，桌板与中央扶手是连为一体的，需要使用时可向前翻，在空调出风口上方固定即可。

基本参数 (2022 年款旗舰版)	
上市时间	2021 年 9 月
级别	紧凑型轿车
车身结构	4 门 5 座三厢车
驱动方式	前置前驱
发动机	1.0T 122 马力 L3
变速箱	CVT 无级变速
长×宽×高(毫米)	4766×1804×1509
轴距	2730 毫米
整备质量	1313 千克
最高车速	190 公里/时
0~100 公里/时加速	7.1 秒

别克君威

别克君威（Buick Regal）是美国别克汽车公司于1973年推出的一款中型轿车，至今已推出第六代。中国在2002年引进该车型，由上汽通用汽车公司生产销售。

外观方面，第六代君威相较上一代变得更具运动感，采用最新的家族设计方式，镀铬进气格栅加上别克品牌标志在气势上营造得非常得体，尖锐式的LED矩阵式车前灯在视觉上既显科技感又有一定的力量感，再配合机舱盖上几处线条的设计，在视觉上非常显年轻。车尾处尾灯的设计既动感又饱满，非常符合现代化的设计潮流。

内饰方面，传统机械式的仪表配合炮筒式设计，8英寸的中控触摸液晶屏也与时俱进，在操控的反应程度上也使人获得不错的体验，轴距较上一代车型有所加长，使得乘坐空间更加舒适。

基本参数 (2023年款旗舰版)	
上市时间	2022年9月
级别	中型轿车
车身结构	4门5座三厢车
驱动方式	前置前驱
发动机	2.0T 237马力 L4
变速箱	9挡手自一体
长×宽×高（毫米）	4913×1863×1462
轴距	2829毫米
整备质量	1530千克
最高车速	240公里/时
0~100公里/时加速	7.1秒

第 2 章 轿车

别克君威(第六代车型)前侧方视角

别克君威(第六代车型)内饰

别克君越

别克君越（Buick LaCrosse）是美国别克汽车公司在 2005 年推出的一款中型轿车，至今已推出第三代。该车型在 2006 年便进入中国市场，国产型号由上汽通用汽车公司进行生产销售，其平台与北美车型相同，但拥有不同的外观和内饰设计以及不同的动力组合。

得益于全新的开发理念及造车标准，第三代君越在车身尺寸、内饰豪华、动力系统以及科技互联等方面都比同级轿车具有明显的优势。外形方面采用别克家族最新设计方式，尺寸升级后的飞翼式格栅提升了视觉宽度，多层次的流水线条结合暗色波纹体现出车身的运动肌肉风格，前后呼应的展翼型全 LED 前后灯组与车身线条相辅相成，整体运动有力而不失优雅。宽敞的车内空间和豪华内饰给人带来更加大气的驾乘体验，是家、商两用的不二之选。

基本参数 (2022 年款旗舰版)	
上市时间	2021 年 10 月
级　　别	中型轿车
车身结构	4 门 5 座三厢车
驱动方式	前置前驱
发动机	2.0T 237 马力 L4
变速箱	9 挡手自一体
长×宽×高(毫米)	5030×1866×1467
轴　　距	2905 毫米
整备质量	1640 千克
最高车速	235 公里 / 时
0~100 公里 / 时加速	7.2 秒

别克英朗

别克英朗（Buick Excelle）是中国上汽通用汽车公司在 2009 年推出的一款轿车，至今已发展至第二代。

第二代英朗秉承别克家族"动感流畅"的设计理念，全新飞翼式镀铬进气格栅、黑色钢琴竖格栅与高亮镀铬飞翼格栅的组合，让车头的视觉中心自然而然地聚焦于车标之上。同时飞翼格栅横向贯通至两侧车灯，增强了车头横向的视觉感受与整体感。内饰方面延续别克家族 360 度环抱一体式设计传统，配合触感较佳的内饰材质，配有三辐多功能方向盘、冰蓝运动型仪表盘、全自动空调系统、一键启动功能、后排空调出风口、400 升容积且可灵活多变的后备厢。

基本参数 (2021 年款旗舰版)	
上市时间	2020 年 9 月
级　别	紧凑型轿车
车身结构	4 门 5 座三厢车
驱动方式	前置前驱
发动机	1.3T 163 马力 L3
变速箱	6 挡手自一体
长×宽×高(毫米)	4609×1798×1486
轴　距	2640 毫米
整备质量	1285 千克
最高车速	195 公里/时
0~100 公里/时加速	9.3 秒

别克威朗

别克威朗（Buick Verano）是中国上汽通用汽车公司在 2010 年推出的一款轿车，至今已发展至第三代。

作为别克新一代全球战略车型，威朗汇集通用全球优势资源，将时尚动感的外观、精致舒适的驾乘空间与精准敏捷的运动性能融为一体。第三代别克威朗基于别克最新家族化设计方式，配有飞翼式镀铬进气格栅、展翼型 LED 自动感应前格栅大灯、展翼型 LED 尾灯、17 英寸十辐双色铝合金运动轮毂、快背式车顶等。内饰传承 360 度环抱一体式设计理念，动感的流线配合全新的冷峻黑配色，整车更显年轻运动。该车搭配有两片式超大全景天窗、前排多功能座椅、三辐运动型多功能方向盘、双炮筒式仪表及 4.2 英寸高清行车电脑、双区独立自动空调等。

基本参数（2023 年款旗舰版）	
上市时间	2022 年 10 月
级　别	紧凑型轿车
车身结构	4 门 5 座三厢车
驱动方式	前置前驱
发动机	1.5T 184 马力 L4
变速箱	CVT 无级变速
长×宽×高（毫米）	4688×1786×1472
轴　距	2700 毫米
整备质量	1335 千克
最高车速	210 公里 / 时
0~100 公里 / 时加速	7.7 秒

第 2 章 轿　车

别克威朗（第三代车型）前侧方视角

别克威朗（第三代车型）内饰

39

比亚迪汉

比亚迪汉（BYD Han）是中国比亚迪汽车公司在 2020 年推出的一款中大型轿车，共 4 款车型，其中 3 款纯电动，1 款插电式混合动力。截至 2022 年 9 月，比亚迪单月销量首次突破 20 万辆，其中汉家族 9 月销量 31497 辆，累计销量超 33 万辆。

比亚迪汉在外观及内饰方面采用了全新的设计方式，不过最具有特点的是比亚迪汉配备的新型磷酸铁锂刀片电池。新型磷酸铁锂刀片电池放电倍率大幅提升，寿命为 8 年 120 万公里，同时成本节约 30%，电池体积比能量密度提升 50%。刀片电池空间利用率约 60%，传统电池包空间利用率约 40%。在经过穿刺试验后的长时间内，电池温度正常，同时可持续输出电压，相较当前市面上的普通三元锂电池更加安全。

基本参数 (2022 年款汉 EV 千山翠限量版)	
上市时间	2022 年 4 月
级　别	中大型轿车
车身结构	4 门 5 座三厢车
驱动方式	双电动机四驱
电动机	517 马力永磁同步
变速箱	1 挡固定齿比
长×宽×高(毫米)	4995×1910×1495
轴　距	2920 毫米
整备质量	2250 千克
最高车速	185 公里/时
0~100 公里/时加速	3.9 秒

第 2 章 轿 车

比亚迪汉前侧方视角

比亚迪汉内饰

标致 508L

标致 508L（Peugeot 508L）是标致 508 在中国市场的衍生车型，于 2018 年首次公开展出。

除了合理搭配标致 508 的家族式最新设计元素，标致 508L 的车身姿态相当动感，前后悬长比例适中，弧形腰线贯穿车身两侧，营造出蓄势待发的运动姿态。极具辨识度的"獠牙式 LED 日间行车灯""LED 狮爪尾灯"，借鉴了奔跑雄狮身上的运动元素，完全不同于传统车型当中的主流风格，而是将新法式锋锐设计理念展现得淋漓尽致。

基本参数 (2022 年款旗舰版)	
上市时间	2021 年 8 月
级　　别	中型轿车
车身结构	4 门 5 座三厢车
驱动方式	前置前驱
发动机	1.8T 211 马力 L4
变速箱	8 挡手自一体
长×宽×高（毫米）	4870×1855×1455
轴　　距	2848 毫米
整备质量	1533 千克
最高车速	230 公里 / 时
0~100 公里 / 时加速	7.2 秒

前排储物方面，常规手套箱、中央扶手箱、门板下部储物格容积较大，储物能力出色。另外，在副仪表台下部还进行了掏空处理，留出了容积不小的空间，日常可以存放手头零碎物品或者折叠雨伞等规格较长的物品。前排座椅后部都设有背袋，进一步扩大了后排的储物空间。

第 2 章 轿 车

大众新款甲壳虫

基本参数 (2019 年款旗舰版)	
上市时间	2019 年 4 月
级别	小型轿车
车身结构	3 门 4 座掀背车
驱动方式	前置前驱
发动机	1.4T 150 马力 L4
变速箱	7 挡干式双离合
长×宽×高(毫米)	4288×1825×1488
轴距	2538 毫米
整备质量	1381 千克
最高车速	207 公里/时
0~100 公里/时加速	8.3 秒

大众甲壳虫（Volkswagen Beetle）是由德国大众汽车公司在 1938 年至 2003 年生产的小型轿车。在评选最具世界影响力的"20 世纪汽车"的国际投票中，甲壳虫排名第四，仅次于福特 T 型车、迷你和雪铁龙 DS。1998 年，在最初的甲壳虫下线许多年以后，大众汽车公司正式推出了外形与原先非常相似的新款甲壳虫。21 世纪初，新款甲壳虫首次在中国国际车展上展出。

新款甲壳虫的外形设计仍然与旧款甲壳虫没有太大的差别，都拥有亮丽的色彩和动感的线条，整体造型秉承半个世纪前的模式，除了外形和仪表盘与之前相近，新款甲壳虫由以前的后轮驱动方式，改为前轮驱动方式，发动机也由风冷式改成了液冷式，安全设备新添了防抱死制动系统和侧面安全气囊，其他配置还有空调、AM/FM 收录机/音响系统、电动反光镜等。

大众帕萨特

大众帕萨特（Volkswagen Passat）是德国大众汽车公司在 1973 年推出的一款中型轿车，至今已推出第八代。中国在 2000 年引进该车型，由上汽大众汽车公司生产和销售。

第八代帕萨特来自大众最新的 MQB 平台，在外形、配置、动力等方面进行了全面提升。全 LED 大灯配合大众新开发的自适应照明技术使大灯可在转向时变换照射区域和照射角度，而且通过车载摄像头的信息，能根据对向车辆和道路状况自行调整车辆灯光的照射距离和照射宽度。尾灯依旧是嵌入式设计，造型的棱角更加分明，和高尔夫也有几分相似，内部同样采用全 LED 光源。

内饰方面，12.3 英寸、分辨率 1440×540 像素的液晶屏代替以往的仪表盘，仪表既能够显示导航、娱乐系统的内容，还可通过方向盘切换主题、时速表和转速表的尺寸，自定义信息显示，等等。

基本参数 (2023 年款旗舰版)	
上市时间	2022 年 9 月
级　别	中型轿车
车身结构	4 门 5 座三厢车
驱动方式	前置前驱
发动机	2.0T 220 马力 L4
变速箱	7 挡湿式双离合
长×宽×高(毫米)	4948×1836×1469
轴　距	2871 毫米
整备质量	1620 千克
最高车速	210 公里 / 时
0~100 公里 / 时加速	7.4 秒

第 2 章 轿 车

大众帕萨特（第八代车型）前侧方视角

大众帕萨特（第八代车型）内饰

大众高尔夫

大众高尔夫（Volkswagen Golf）是由德国大众汽车公司在 1974 年推出的一款紧凑型轿车，至今已发展至第八代，是大众汽车成功取代甲壳虫的后继车款。2004 年，大众高尔夫被引入中国市场，在中国上市刚过半年的高尔夫打破了人们对紧凑型两厢车的固有看法，不但一直在市场中保持着旺销热度，甚至出现了一车难求的抢购场面。

基本参数 (2021 年款旗舰版)	
上市时间	2021 年 9 月
级　别	紧凑型轿车
车身结构	5 门 5 座两厢车
驱动方式	前置前驱
发动机	2.0T 220 马力 L4
变速箱	7 挡湿式双离合
长 × 宽 × 高 (毫米)	4296 × 1788 × 1471
轴　距	2631 毫米
整备质量	1477 千克
最高车速	230 公里 / 时
0~100 公里 / 时加速	7.1 秒

国产版的第八代高尔夫与海外版保持一致，前脸采用了扁平化的设计方式，整体显得更加运动激进。日行灯延伸至上中网，配合下方的"大嘴"横幅格栅，在视觉上拉伸了车辆的宽度和降低了车辆的高度。大灯采用了新的不规则造型，日行灯营造出天使眼的造型效果，显得非常尖锐。全系标配 LED 大灯，大灯由 22 个 LED 灯珠组成，新搭载的动态灯光辅助系统可以使大灯发生 10 种不同的变化。内饰方面，第八代高尔夫采用了数字化座舱的设计理念，整体上显得科技感更强。

第 2 章 轿 车

大众高尔夫（第八代车型）侧方视角

大众高尔夫（第八代车型）内饰

大众 Polo

大众 Polo（Volkswagen Polo）是德国大众汽车公司推出的一款小型轿车，自 1975 年问世以来，已发展至第六代车型。2002 年，大众 Polo 被引进中国市场，也是从这时起，国内消费者开始接触到大众 Polo。

第六代大众 Polo 基于大众 MQB A0 平台打造，车身尺寸和轴距都比上一代车型更大。该车型的设计依旧延续了海外版的风格，前脸采用分割式格栅设计方式，上方的中网同时衔接左右两侧面积较大的车灯。在车头下方有另外一块格栅，这块格栅的左右两侧则衔接雾灯区。前轮轮眉后方有一条笔直的腰线，一直延续至尾灯部分。车尾部的设计非常简洁，尾部的六边形车灯以及下方的双边双出排气口是一大亮点。内饰方面，仪表盘配色与车身配色采用联动设计，更具个性化。中控触摸屏支持 CarPlay、CarLife、蓝牙等实用功能，车内气氛更偏向于年轻化。

基本参数(2022年款旗舰版)	
上市时间	2022 年 10 月
级 别	小型轿车
车身结构	5 门 5 座两厢车
驱动方式	前置前驱
发动机	1.5L 113 马力 L4
变速箱	6 挡手自一体
长×宽×高(毫米)	4053×1740×1449
轴 距	2564 毫米
整备质量	1190 千克
最高车速	185 公里/时
0~100 公里/时加速	13 秒

小知识：

该车曾长期位居德国经济性小型车销量榜首，被称为德国大众的"神奇小子"。

大众高尔

大众高尔（Volkswagen Gol）是德国大众汽车公司在 1980 年推出的一款小型轿车，中国在 2003 年引进了该车型，由上汽大众汽车公司生产销售。

大众高尔的车身造型秉承了大众轿车的传统风格，流线型的车身，按照人机工程学要求布置的车内空间，精致的内饰，醒目的仪表，无不体现了时尚和运动的元素。前照灯采用了传统的卤钨灯，其发光效率高，性能可靠，照明度强，寿命长。前照灯采用单抛物面反射镜，相对于传统的配光镜技术而言，整个灯具造型更为美观。

整车外形简练紧凑，内部空间却不显局促，通过合理的布置和可翻折的前后排座椅设计（前座椅翻折仅针对两门车型），使乘员空间和储物空间都能获得理想的效果，完全满足家庭用车的需要。

基本参数 (2004 年款旗舰版)	
上市时间	2004 年 6 月
级　别	小型轿车
车身结构	5 门 5 座两厢车
驱动方式	前置前驱
发动机	1.6L 87 马力 L4
变速箱	5 挡手动
长×宽×高(毫米)	3895×1648×1415
轴　距	2468 毫米
整备质量	1050 千克
最高车速	171 公里 / 时
0~100 公里 / 时加速	13.4 秒

大众宝来

大众宝来（Volkswagen Bora）是中国一汽大众汽车公司在 2001 年推出的一款轿车。

作为一汽大众首款 MQB 平台中国专属车型，宝来集平台、外观、内饰、空间、动力、安全、科技七大价值蜕变于一体。外观运用大众最新设计方式，包括车身采用流线型设计、三段式尾部设计、楔形镀铬雾灯、搭载全新 LED 大灯组等。内饰造型设计采用了大众最新设计方式，秉承以驾驶员为中心的设计理念。采用环抱式中控台设计方式，搭配高亮黑钢琴漆面板装饰，搭载全新车载导航多媒体系统。另外，拥有大众 MQB 风格的真皮多功能方向盘，而且方向盘集成了镀铬和高亮黑装饰的多功能按键，并配置高级真皮双拼撞色座椅。

基本参数（2023 年款旗舰版）	
上市时间	2022 年 6 月
级别	紧凑型轿车
车身结构	4 门 5 座三厢车
驱动方式	前置前驱
发动机	1.2T 116 马力 L4
变速箱	7 挡干式双离合
长×宽×高（毫米）	4672×1815×1478
轴距	2688 毫米
整备质量	1317 千克
最高车速	200 公里/时
0~100 公里/时加速	8.1 秒

第 2 章 轿 车

大众宝来前侧方视角

大众宝来内饰

大众辉腾

大众辉腾（Volkswagen Phaeton）是德国大众汽车公司在 2002 年推出的一款大型轿车，是大众品牌下的首款全尺寸豪华轿车。该车经历了 4 次改款，最后于 2016 年 3 月正式停产。

作为大众的顶端产品，辉腾在操控感受上与大部分典型的大众车型相似，有很明显的大众烙印。辉腾所采用的四驱系统稳定性非常高，而过弯的极限也被大大提高。

辉腾同样具有豪华的内饰，水平仪表板中央、中控台和车门上采用了上乘木质饰面，仪表盘和仪表板中央的时钟边缘采用了铬金属镶边。车内大部分可以触及身体的部分都由真皮包裹。在驾驶舱中最显著的设备就是大型垂直中控台。信息中心中央是一个 16：9 的彩色 7 寸显示器。8 个大的基本控制键通过这个监视器可激活很多不同的功能，通过 6 个基本的功能键（调节温控系统和车载电脑）和 1 个中央菜单，即可轻松控制车内的舒适度、音响系统、电视系统、车载电脑和电话等。为了让驾驶者能够随时监控并操作，音响系统和车载电脑同样也可以通过方向盘直接控制。

基本参数(2012年款旗舰版)	
上市时间	2012 年 4 月
级别	大型轿车
车身结构	4 门 4 座三厢车
驱动方式	前置四驱
发动机	6.0L 450 马力 W12
变速箱	5 挡手自一体
长×宽×高(毫米)	5179×1903×1450
轴距	3001 毫米
整备质量	2383 千克
最高车速	250 公里/时
0~100 公里/时加速	6.1 秒

第 2 章 轿 车

大众辉腾侧方特写

大众辉腾内饰

大众朗逸

大众朗逸（Volkswagen Lavida）是中国上汽大众汽车公司面向中国市场在 2008 年推出的一款紧凑型轿车，至今已发展至第三代，被誉为上汽大众第一款自主设计研发的大众量产车。

基本参数 (2023 年款旗舰版)	
上市时间	2022 年 6 月
级　别	紧凑型轿车
车身结构	4 门 5 座三厢车
驱动方式	前置前驱
发动机	1.4T 150 马力 L4
变速箱	7 挡干式双离合
长×宽×高(毫米)	4678×1806×1474
轴　距	2688 毫米
整备质量	1345 千克
最高车速	200 公里/时
0~100 公里/时加速	8.7 秒

作为为中国消费者量身打造的一款轿车，朗逸既保持了德国汽车设计的优秀品质，又融入了很多体现中国传统文化的审美元素以及站在时代前沿的设计理念。朗逸采用充满前瞻性的设计方式为 A 级车注入了更多的豪华大气感，改写了消费者对于 A 级车市场的传统印象。第三代朗逸首次采用"双脸"战略，一款是更具年轻化、运动化的朗逸星空版车型，另一款则是承袭大气从容的气质化经典车型。内饰设计上，高品质的材质运用和细节处理，充分展现了新朗逸作为一款"国民家轿"应有的自我素养。横向双色饰板贯穿整个仪表台，彰显内饰层次感的同时打造出宽敞舒展的驾驶空间。中控屏由原来的嵌入式改为 12 英寸悬浮式，座舱科技感瞬间迈上了一个新台阶。

大众辉昂

大众辉昂（Volkswagen Phideon）是德国大众汽车公司在 2016 年推出的一款中大型轿车，专门为中国市场而设计，由上汽大众汽车公司在中国销售。

在外观方面，辉昂的前脸采用标志性的格栅设计方式，其中格栅和大灯连为一体，具有非常高的辨识度。车身侧面线条硬朗流畅，腰线笔直硬朗，搭配上银色镀铬饰条让整车显得既奢华又大气。

基本参数 (2021 年款旗舰版)	
上市时间	2020 年 11 月
级　　别	中大型轿车
车身结构	4 门 5 座三厢车
驱动方式	前置四驱
发动机	2.0T 224 马力 L4
变速箱	7 挡湿式双离合
长×宽×高(毫米)	5074×1893×1463
轴　　距	3009 毫米
整备质量	1900 千克
最高车速	240 公里 / 时
0~100 公里 / 时加速	8.1 秒

内饰依旧是舒适的大众味道，中控台采用对称式设计方式，内嵌式中控屏幕搭配上方的小表盘显得极具质感，车内在大面积软质材料的覆盖下，以及在黑色亮面饰板的加持下有着不错的豪华气息。作为中大型轿车，辉昂全车的尺寸非常大，这样的尺寸能让车内拥有绝对宽敞的乘坐空间。

菲亚特 126P

菲亚特 126P（Fiat 126P）是波兰从意大利引进菲亚特 126 的技术并进行国产化的一款小型轿车。菲亚特 126P 的问世为战后欧洲普及家用轿车，起到了不可估量的作用。

1973 年，波兰为了在国内普及家用小轿车，引进了菲亚特 126 的技术，在获得生产许可后，开启了该车型在波兰的生产。为了区别于它的原版车型，使用字母 P 加以区别，而 P 意指波兰生产。当时该车为适应波兰行驶条件更差的路况，增大了底盘的离地间隙，将转向灯罩颜色变为橘红色，并更改了进气格栅的样式。

菲亚特 126P 结构简单，重量轻，坚实耐用，价格低廉，特别是后置风冷式发动机是该车的最大特色。虽然这种设计有利于简化结构，使动力和传动系统更加紧凑轻便，风冷式发动机比水冷式发动机更容易维护，但也存在发动机过热等问题。

基本参数 (1973 年款旗舰版)	
上市时间	1973 年 12 月
级　　别	小型轿车
车身结构	2 门 4 座两厢车
驱动方式	后置后驱
发动机	0.7L 26 马力 R2
变速箱	4 挡手动
长×宽×高(毫米)	3054×1378×1302
轴　　距	1840 毫米
整备质量	619 千克
最高车速	105 公里/时
0~100 公里/时加速	46.5 秒

丰田卡罗拉

丰田卡罗拉（Toyota Corolla）是日本丰田汽车公司在 1966 年推出的一款紧凑型轿车。该车型自发布以来，便受到全球消费者的关注，至今已发展至第十二代。中国在 2004 年引进卡罗拉车型，由一汽丰田汽车公司负责生产和销售。

新一代卡罗拉采用了丰田最新的家族式设计方式，大嘴式的格栅，锋利的大灯组，侧面线条流畅，车尾采用贯穿式 LED 尾灯组和镀铬装饰条，既时尚又有层次。内饰与海外版的设计几乎一致，对称式的中控布局，简约大气。国产车型还提供了专属的 12.1 英寸中控屏和 PM2.5 过滤系统，科技感十足。新车安全配置包括刹车辅助、车身稳定性控制、牵引力控制、上坡辅助控制、电子驻车制动、全车 8SRS 安全气囊、胎压监测、发动机防盗锁止、TSS 智行安全套装等。截至 2021 年，卡罗拉家族全年累计销售 330280 台。

基本参数 (2018 年款旗舰版)	
上市时间	2018 年 2 月
级别	紧凑型轿车
车身结构	4 门 5 座三厢车
驱动方式	前置四驱
发动机	3.0T 340 马力 V6
变速箱	8 挡手自一体
长×宽×高(毫米)	5265×1899×1460
轴距	3157 毫米
整备质量	1955 千克
最高车速	250 公里/时
0~100 公里/时加速	5.9 秒

现代汽车鉴赏（家用汽车篇）

丰田凯美瑞

丰田凯美瑞（Toyota Camry）是日本丰田汽车公司在 1982 年推出的一款中型轿车，被誉为丰田继卡罗拉之后的第 2 台全球化车型。中国在 2006 年引进该车型，且在国内的销量水平一直处于领先地位。

最新一代凯美瑞被称为"XV70"，也是全球凯美瑞车型的第八代。国内车型搭载的三屏互联，在第八代凯美瑞上有所体现。10 英寸彩色抬头显示屏（HUD）、8 英寸 / 9 英寸中控触屏、7 英寸仪表盘液晶屏，三块屏幕可以实现信息联动，提供丰富全面的高清资讯，HUD 可在挡风玻璃前直接显示路况信息，驾驶者无需低头即可读取。原来边缘的实体按键也调整为触摸按键。同时，其车载多媒体系统的 UI 界面设计也得到升级，并配备导航系统。此外，通过仪表中央的液晶显示屏可以发现，原有的胎压警报功能升级为胎压显示，使行车安全性得到一定的提升。

基本参数 (2022 年款旗舰版)	
上市时间	2022 年 6 月
级　别	中型轿车
车身结构	4 门 5 座三厢车
驱动方式	前置前驱
发动机	2.5L 178 马力 L4
变速箱	E-CVT 无级变速
长×宽×高(毫米)	4885×1840×1455
轴　距	2825 毫米
整备质量	1695 千克
最高车速	180 公里 / 时
0~100 公里 / 时加速	8.4 秒

58

第 2 章 轿 车

丰田凯美瑞（XV70 车型）前侧方视角

丰田凯美瑞（XV70 车型）内饰

丰田亚洲龙

丰田亚洲龙（Toyota Avalon）是日本丰田汽车公司在 1994 年推出的一款轿车，至今已发展至第五代。

第五代丰田亚洲龙是基于丰田最新 TNGA 平台打造的一款新型轿车，其前脸采用大嘴式进气格栅造型，除了 LED 大灯外其他部位几乎都被中网进气格栅所覆盖，只不过其进气格栅进行了升级，在横向的基础上增加了纵向的纹路，一横一纵的设计将中网进行了分割，前大灯的内部细节也有一定的优化，看上去更加犀利。内饰方面，该车换装了尺寸更大的中控屏，两侧大量的物理按键也被取消，以提升屏占比。此外，该车还换装了全液晶仪表盘。安全技术包括后部交叉紧急制动系统，具有警报功能的全景停车摄像头和"智能间隙声呐"等功能。

基本参数 (2022 年款旗舰版)	
上市时间	2022 年 3 月
级　别	中型轿车
车身结构	4 门 5 座三厢车
驱动方式	前置前驱
发动机	2.0L 178 马力 L4
变速箱	CVT 无级变速
长×宽×高(毫米)	4990×1850×1450
轴　距	2870 毫米
整备质量	1595 千克
最高车速	205 公里/时
0~100 公里/时加速	7.9 秒

第 2 章 轿 车

丰田亚洲龙（第五代车型）侧方视角

丰田亚洲龙（第五代车型）内饰

丰田普锐斯

丰田普锐斯（Toyota Prius）是日本丰田汽车公司在 1997 年推出的一款紧凑型轿车，是世界上最早实现批量生产的混合动力汽车，至今已推出第五代。中国在 2005 年引进该车型，由一汽丰田汽车公司负责生产和销售。

外观方面，新一代普锐斯在"混合动力重生"概念下进行设计，沿用了原版独特的车型轮廓，采用宽大而低的车型和大直径轮胎，创造出吸引感官的时尚设计作品。前脸采用锤头鲨式设计方式，在功能和造型之间实现了高度平衡，而尾部设计则提供了左右水平延伸的组合尾灯，进一步突出了普锐斯的先进设计理念。

内饰方面，新车同样具有了最新的家族式设计风格，普锐斯经典的中置仪表盘设计不再延续，取而代之的是方向盘前方配备的全液晶仪表。另外，新车还配备大尺寸悬浮式中控屏，下方保留了大量物理按键，方便调整空调以及座椅加热、通风等舒适性配置。

基本参数（2023 年款旗舰版）	
上市时间	2023 年
级别	紧凑型轿车
车身结构	4 门 5 座三厢车
驱动方式	前置四驱
发动机	2.0L 223 马力 L4
变速箱	E-CVT 无级变速
长×宽×高（毫米）	4600×1780×1430
轴距	2750 毫米
整备质量	1550 千克
最高车速	180 公里/时
0~100 公里/时加速	6.7 秒

福特蒙迪欧

福特蒙迪欧（Ford Mondeo）是美国福特汽车公司在 1993 年推出的一款中型轿车，至今已发展至第五代。中国在 2004 年引进该车型，由长安福特汽车公司负责生产和销售。

新一代蒙迪欧采用福特全新"势能美学"家族设计技术，八边形前格栅尺寸更大，并与两侧细长的前大灯组相融合，与福特 EVOS 有着较高的相似度，并拉伸了视觉宽感。车尾造型饱满，配备了贯穿式尾灯组，灯腔内部为"三竖"结构。

基本参数 (2023 年款旗舰版)	
上市时间	2022 年 11 月
级　　别	中型轿车
车身结构	4 门 5 座三厢车
驱动方式	前置前驱
发动机	2.0T 238 马力 L4
变速箱	8 挡手自一体
长×宽×高(毫米)	4935×1875×1500
轴　　距	2945 毫米
整备质量	1604 千克
最高车速	220 公里/时
0~100 公里/时加速	6.5 秒

智能配置方面，1.1 米超广域高清巨幅屏设计绝对是一大亮点，其中包括 12.3 英寸液晶仪表和 27 英寸的 4K 中控屏，其分辨率为 4032×756 像素。其搭载福特最新一代车机系统 SYNC+2.0 智行互联系统，配装了福特首款虚拟人工智能助手——VPA 智行伙伴，并支持多点触控、AI 语音识别、手势控制、面部识别等多维交互方式，在智能化方面已经达到了同级别的领先水平。

福特福克斯

福特福克斯（Ford Focus）是美国福特汽车公司在 1998 年推出的一款紧凑型轿车，目前已发展至第四代。该车在 2005 年被引进中国市场，随着车型日益成熟，消费者的年龄范围也更广泛。

第四代福克斯在外形上，家族式的进气格栅与横向拓展的 LED 大灯融为一体，进气部分和日间行车灯采用了有层次感的折线设计方式，在保证前脸视觉体验年轻化的同时，也保持了相当高的辨识度。而加长的轴距与拓宽的轮距，则让新一代福克斯的车身比例更加协调。与前脸一脉相承的尾部，则通过横向拓展的 LED 尾灯将整车比例进一步拉宽，让新一代福克斯呈现出大气感。内饰方面，第四代福克斯用旋钮式的换挡机构取代了挡把，而手刹也换成了现在更为常见的电子驻车制动。物理按键数量相比上代车型减少了约 50%。这两个变化让新一代福克斯的内饰在观感和高级感方面都有了一定的提升，再加上明显改进的做工，整体质感也得到了明显提升。

基本参数 (2022 年款旗舰版)	
上市时间	2022 年 6 月
级　别	紧凑型轿车
车身结构	5 门 5 座两厢车
驱动方式	前置前驱
发动机	1.5T 177 马力 L4
变速箱	6 挡手自一体
长×宽×高(毫米)	4404×1824×1453
轴距	2705 毫米
整备质量	1417 千克
最高车速	220 公里/时
0~100 公里/时加速	8.9 秒

第 2 章 轿 车

福特福克斯（第四代车型）前侧方视角

福特福克斯（第四代车型）内饰

现代汽车鉴赏（家用汽车篇）

捷豹 XJ

捷豹 XJ（Jaguar XJ）是英国捷豹汽车公司在 1968 年推出的一款大型轿车。自诞生以来，该车型一直是捷豹的旗舰车种，由公司创办人威廉·里昂爵士推动，受到无数媒体的关注与好评。

XJ 是捷豹旗下的豪华型轿车，其采用了宽阔腰线及短捷有力的车尾，比例紧凑，倾斜的前挡风玻璃和后窗玻璃为 XJ 增添了运动气息。

基本参数 (2018 年款旗舰版)	
上市时间	2018 年 2 月
级　　别	大型轿车
车身结构	4 门 5 座三厢车
驱动方式	前置四驱
发动机	3.0T 340 马力 V6
变速箱	8 挡手自一体
长×宽×高(毫米)	5265×1899×1460
轴　距	3157 毫米
整备质量	1955 千克
最高车速	250 公里/时
0~100 公里/时加速	5.9 秒

XJ 的内饰做工非常出色，突出了驾乘舒适性；后排头部和腿部有充足的活动空间。大气的中控台设计展现出浓重的英式风格，按键虽然烦琐但却有很高的实用价值。动力方面，XJ 完全继承了其品牌的传统。车身和底盘极少受到路面不平的影响，行驶非常平稳。XJ 能有这样突出的表现，主要是由于四只车轮均采用了空气弹簧，并且拥有两种特性的减震器和重量较轻的后桥。

捷豹 XEL

基本参数 (2022 年款旗舰版)	
上市时间	2022 年 7 月
级别	中型轿车
车身结构	4 门 5 座三厢车
驱动方式	前置后驱
发动机	2.0T 250 马力 L4
变速箱	8 挡手自一体
长×宽×高(毫米)	4778×1850×1429
轴距	2935 毫米
整备质量	1730 千克
最高车速	230 公里 / 时
0~100 公里 / 时加速	8.3 秒

捷豹 XEL（Jaguar XEL）是由奇瑞捷豹路虎汽车公司推出的一款中型轿车，同时该车也是捷豹 XE 在中国市场的衍生车型。

XEL 基本保留了 XE 车型的设计风格，包括捷豹家族式的前进气格栅和两侧犀利的前大灯组。同时，前保险杠两侧进气口周围线条更加平滑。尾部同样沿用了 XE 车型的造型设计方式，采用双边两出的排气布局。

内饰方面，延续了捷豹现款车型的设计风格，环抱式的中控台造型具有很强的运动感。此外，XEL 配备了炫酷全液晶仪表盘、高清超广角流媒体内后视镜、双高清触摸中控屏、高清全彩 HUD 抬头显示系统。配置方面，XEL 新增驾驶者疲劳监测系统、低速 / 行人防碰撞辅助系统、车道保持辅助系统、自动紧急刹车系统等。捷豹 XEL 的后备厢造型十分规整，储物容积可满足日常使用。

捷豹 XFL

捷豹 XFL（Jaguar XFL）是奇瑞捷豹路虎汽车公司在捷豹 XF 的基础上开发的一款中大型轿车。

捷豹 XFL 在延续家族经典英伦设计风格的基础上，在外观内饰方面采用精致考究的材料和匠心工艺，车头两侧带日间行车灯及流水式 LED 转向灯的标志性双"J"豪华 LED 前大灯，与点阵式格栅相搭配；凌厉的车身腰线由车身前部向后移动，勾勒出优雅大方的姿态，加之动感十足的 19 英寸铝合金车轮，进一步强化了整车的独特品位；车尾采用造型独特的 LED 尾灯，与前脸大灯遥相呼应。

内饰方面，捷豹 XFL 配备 12.3 英寸交互式彩色全液晶仪表盘，中控采用了一块 11.4 英寸的彩色触控液晶屏，支持语音识别系统并可以连接互联网。这款车还因具有 50∶50 的前后桥配重比而让驾驶更平稳。

基本参数 (2022 年款旗舰版)	
上市时间	2022 年 7 月
级别	中大型轿车
车身结构	4 门 5 座三厢车
驱动方式	前置四驱
发动机	2.0T 300 马力 L4
变速箱	8 挡手自一体
长×宽×高(毫米)	5102×1880×1456
轴距	3100 毫米
整备质量	1915 千克
最高车速	250 公里/时
0~100 公里/时加速	6.4 秒

凯迪拉克 CTS

凯迪拉克 CTS（Cadillac CTS）是美国凯迪拉克汽车公司于 2002 年推出的一款中型轿车，在发展至第三代时，于 2019 年停产。中国在 2004 年引入了该车型，并由上汽通用汽车公司生产销售。

第三代 CTS 采用凯迪拉克经典的"钻石切割"设计技术，贯穿式的高腰线和轿跑车式的车顶充满肌肉感。相比上一代车型，在车身长度和轴距上有所增加，但车身宽度和高度有所降低。车身结构更注重轻量化，良好的车身配重使得 CTS 的前后配重比接近 50∶50。

作为美系豪华车代表的凯迪拉克在内饰的豪华品质方面也非常下功夫，柔软细腻的真皮座椅具有二十向调节功能。三辐式方向盘具有粗壮的握感，方向盘换挡拨片和铝合金运动踏板，以及中控台上方的碳纤维装饰，几乎处处体现出独特的运动氛围。

基本参数 (2014 年款旗舰版)	
上市时间	2014 年 4 月
级　别	中型轿车
车身结构	4 门 5 座三厢车
驱动方式	前置后驱
发动机	2.0T 276 马力 L4
变速箱	6 挡手自一体
长×宽×高(毫米)	4966×1834×1438
轴　距	2910 毫米
整备质量	1689 千克
最高车速	215 公里 / 时
0~100 公里 / 时加速	6.6 秒

现代汽车鉴赏（家用汽车篇）

凯迪拉克 XTS

凯迪拉克 XTS（Cadillac XTS）是由美国凯迪拉克汽车公司于 2012 年推出的一款中大型轿车，作为一款瞄准国内中级豪华轿车市场的重量级产品，凯迪拉克 XTS 以豪华的内外饰设计技术与创新的科技配备诠释了凯迪拉克对豪华车的全新定义。

凯迪拉克 XTS 率先搭载的 CUE 车载娱乐信息系统，将直观设计与业内首创的信息和多媒体控制功能融为一体，带来全面的车内体验。

基本参数 (2018 年款旗舰版)	
上市时间	2017 年 11 月
级别	中大型轿车
车身结构	4 门 5 座三厢车
驱动方式	前置前驱
发动机	2.0T 269 马力 L4
变速箱	6 挡手自一体
长×宽×高（毫米）	5103×1852×1502
轴距	2837 毫米
整备质量	1840 千克
最高车速	218 公里/时
0~100 公里/时加速	8.1 秒

CUE 系统具备多项业界第一，包括电容式触摸屏控制、接近感应和自然语音识别等。凯迪拉克 XTS 所装载的 CUE 系统还独具 12.3 英寸（312 毫米）可自定义仪表盘，驾驶者可选择四种主题，以生动鲜明的图形显示各种车辆信息。除此之外，XTS 还拥有多项领先科技，包括标准配备的全球响应最快的主动悬挂系统——MRC 电磁感应主动悬挂，以及一系列保证驾驶安全的辅助科技。

第 2 章 轿 车

凯迪拉克 XTS 前侧方视角

凯迪拉克 XTS 内饰

凯迪拉克 ATS-L

凯迪拉克 ATS-L（Cadillac ATS-L）是凯迪拉克生产的 ATS 长轴车型，2013 年由中国上汽通用汽车公司在国内负责销售，2019 年 9 月结束生产。

ATS-L 是凯迪拉克第二款国产车型，在进口车型的基础上通过加长轴距，使得整个车内空间进一步增大，满足了中国消费者对于大空间的追求。作为一款紧凑型豪华运动型轿车，ATS-L 基于全新轻量化后轮驱动平台、强劲的动力性能和出色的燃油经济性表现，运用全新方式诠释了凯迪拉克将艺术与科技完美融合的理念。车型整体设计风格与标准轴距版保持一致，进气格栅更宽大，在中网内部小格栅的点缀下，使得整体看起来非常立体，动感十足。一直以来，凯迪拉克旗下车型的外观设计遵循钻石切割理念，独具特色的竖向头灯和竖向尾灯设计成为凯迪拉克的显明标志。ATS-L 也不例外，LED 高位刹车灯、LED 直列式飞翼尾灯以及自适应前大灯，无论在夜间或是极端环境中行车，都能保证宽阔的道路视野。

基本参数 (2017 年款旗舰版)	
上市时间	2016 年 12 月
级别	紧凑型轿车
车身结构	4 门 5 座三厢车
驱动方式	前置后驱
发动机	2.0T 279 马力 L4
变速箱	8 挡手自一体
长×宽×高(毫米)	4730×1824×1429
轴距	2860 毫米
整备质量	1600 千克
最高车速	240 公里/时
0~100 公里/时加速	6.2 秒

凯迪拉克 XTS-L

凯迪拉克 XTS-L（Cadillac XTS-L）是凯迪拉克汽车公司 STS 在中国市场的一款衍生车型，由上汽通用汽车公司负责生产和销售。

凯迪拉克 XTS-L 的整体设计与凯迪拉克 XTS 一致，主要变化是加长了轴距，车身长度也有所增加。内饰上依旧继承了凯迪拉克品牌用料高级的传统，中控台、门板以及方向盘等部件使用大量的真皮进行包裹，并用实木进行点缀，在空调出风口、车门把手和座椅靠背等处使用镀铬饰件，增强了整车的视觉档次感。

为进一步满足中国消费者对高效节能、操控体验、驾乘舒适性等方面的需求，凯迪拉克 XTS-L 还增加了一系列针对中国消费者的"专属配置"，除专属引入的 2.0T 发动机外，还包括 EPS 电子随速助力转向系统、后排双屏蓝光影音娱乐系统等。

基本参数 (2018 年款旗舰版)	
上市时间	2017 年 11 月
级别	中大型轿车
车身结构	4 门 5 座三厢车
驱动方式	前置前驱
发动机	2.0T 269 马力 L4
变速箱	6 挡手自一体
长×宽×高(毫米)	5103×1852×1502
轴距	2837 毫米
整备质量	1840 千克
最高车速	218 公里/时
0~100 公里/时加速	8.1 秒

凯迪拉克 SLS 赛威

凯迪拉克 SLS 赛威（Cadillac SLS Seville）是上汽通用汽车公司在凯迪拉克 STS 的基础上推出的一款专门针对中国市场的中大型轿车。

从车头角度看，SLS 赛威和 STS 基本没有区别，主要是在中网增大了镀铬装饰，并增加了横向和纵向的水箱隔栅密度，整体感觉中网大了不少，更具豪华车的气质。原有的大灯清洗等功能得以保留。SLS 赛威的尾部也高度保留了 STS 的设计风格，高位的宽幅刹车灯、小鸭尾扰流翼、四眼倒车雷达等功能都与 STS 相同。

作为主打行政公务市场的一款车型，SLS 赛威的后排空间的确要比 STS 大了不少，满足了公务用车偏重后排乘客乘坐感受的要求。

基本参数 (2010 年款旗舰版)	
上市时间	2009 年 11 月
级　别	中大型轿车
车身结构	4 门 5 座三厢车
驱动方式	前置后驱
发动机	3.6L 310 马力 V6
变速箱	6 挡手自一体
长×宽×高(毫米)	5120×1845×1505
轴　距	3057 毫米
整备质量	1930 千克
最高车速	245 公里 / 时
0~100 公里 / 时加速	7.4 秒

凯迪拉克 CT6

凯迪拉克 CT6（Cadillac CT6）是美国凯迪拉克汽车公司在 2016 年推出的一款中大型轿车，中国也同步引进了该车型，由上汽通用汽车公司负责生产和销售。

凯迪拉克 CT6 基于通用旗下的 OMEGA 后驱平台打造，车身采用超 57.72% 的铝合金打造，其中使用了 11 种航天科技复合材料。得益于全铝车身，它不仅具备了轻量化的豪车属性，而且车身刚性和抗扭能力也非常可观，能够最大程度吸收碰撞能量，保护车内乘车人员的生命安全，并具有更好的燃油经济性和操控稳定性。

凯迪拉克 CT6 全系标配 12.3 英寸全液晶仪表 +10.2 英寸中控屏，车机支持 GPS 导航、OTA 升级、车联网、语音识别控制，系统 UI 界面简洁大方，操作方式也比较简单。

基本参数 (2022 年款旗舰版)	
上市时间	2021 年 11 月
级　别	中大型轿车
车身结构	4 门 5 座三厢车
驱动方式	前置后驱
发动机	2.0T 237 马力 L4
变速箱	10 挡手自一体
长 × 宽 × 高 (毫米)	5223×1879×1498
轴　距	3109 毫米
整备质量	1755 千克
最高车速	230 公里 / 时
0~100 公里 / 时加速	7.5 秒

现代汽车鉴赏（家用汽车篇）

凯迪拉克 CT5

凯迪拉克 CT5（Cadillac CT5）是美国凯迪拉克汽车公司在 2019 年推出的一款轿车。

凯迪拉克 CT5 的外观采用了新一代的家族式设计方式，其前脸部分的大嘴式进气格栅尤为醒目，内部以银色镀铬装饰点缀，进气格栅两侧前大灯造型修长，尾部微微上翘。下包围采用全黑的设计方式，内部以横向条纹装饰，配合两侧的日间行车灯，具有獠牙一般锋利感。

基本参数 (2022 年款旗舰版)	
上市时间	2022 年 8 月
级别	中型轿车
车身结构	4 门 5 座三厢车
驱动方式	前置后驱
发动机	2.0T 237 马力 L4
变速箱	10 挡手自一体
长×宽×高(毫米)	4924×1883×1445
轴距	2947 毫米
整备质量	1685 千克
最高车速	240 公里/时
0~100 公里/时加速	7.3 秒

车身侧面，从前大灯尾部向后延伸的腰线贯穿整个车体与尾灯衔接，使整车的视觉长度得到了拉伸，再配合银色 18 英寸多辐式轮毂，整个车身侧面的豪华质感和运动气息两者得以兼顾。内饰方面，CT5 全系标配 10 英寸触控式中控屏幕，采用时下流行的悬浮式设计方式，大面积的皮质包裹同样在触觉上给人一种高级质感。

第 2 章 轿　车

凯迪拉克 CT5 前侧方视角

凯迪拉克 CT5 内饰

克莱斯勒 300

克莱斯勒 300（Chrysler 300）是美国克莱斯勒汽车公司在 2004 年推出的一款中大型轿车，至今已推出第二代车型。

克莱斯勒 300 采用全新七横幅设计的进气格栅及全新克莱斯勒巨大的飞翼标志，兼具豪华感与运动感。同级别中最大的 20 英寸铝合金轮毂，令整车外观看上去更显稳健扎实。

车内所配备的真皮包裹豪华多功能方向盘，在同级别中独家实现了 360 度全圆周加热。驾驶者座椅、收音机、方向管柱、外后视镜以及踏板均有记忆功能。双片式全景天窗，面积占整车顶部的 70%，视野更辽阔。优质复合底板、空气动力学一体式车身，以及前挡风和车窗所采用的降噪玻璃等一系列的专业配置，使克莱斯勒 300 拥有同级别中最安静的车内空间。

基本参数 (2023 年款旗舰版)	
上市时间	2022 年 9 月
级别	中大型轿车
车身结构	4 门 5 座三厢车
驱动方式	前置四驱
发动机	6.4L 485 马力 V8
变速箱	8 挡自动
长×宽×高（毫米）	5044×1908×1483
轴距	3053 毫米
整备质量	1849 千克
最高车速	257 公里/时
0~100 公里/时加速	4.3 秒

雷克萨斯 ES

雷克萨斯 ES（Lexus ES）是日本雷克萨斯汽车公司在 1989 年推出的一款中大型轿车，自诞生以来，ES 便作为品牌旗下的核心车型不断得到进化，至今已发展至第七代。

第七代雷克萨斯 ES 采用雷克萨斯 GA-K 平台来打造车体，通过大量高强度钢以及后排座椅"V"形加强筋的应用，使其抗扭刚度大大提升。纺锤形中网尺寸更大，内里采用了竖向格栅进行分流，前大灯的造型更加修长，棱角也更加尖锐。内部由矩阵式 LED 大灯和流水转向灯组成，再加上 LED 日间行车灯，使得整个前大灯组的造型十分前卫。

在隔音技术上，ES 通过搭载 ANC（Active Noise Control）主动降噪静音系统，以及采用前后排双层静音玻璃、降噪轮毂、全封闭式底盘、雨刮器降噪等一系列被动降噪技术，隔音降噪效果反响不错。

基本参数 (2022 年款旗舰版)	
上市时间	2022 年 8 月
级别	中大型轿车
车身结构	4 门 5 座三厢车
驱动方式	前置前驱／四驱
发动机	2.5L 178 马力 L4
变速箱	E-CVT 无级变速
长×宽×高（毫米）	4975×1866×1447
轴距	2870 毫米
整备质量	1710 千克
最高车速	180 公里／时
0~100 公里／时加速	8.9 秒

雷克萨斯 LS

雷克萨斯 LS（Lexus LS）是日本雷克萨斯汽车公司在 1989 年推出的一款大型轿车，至今已发展至第五代。

第五代 LS 基于全新 GA-L 后驱平台打造，在内外设计、动力系统、配置等方面都进行了全方位的升级，包括比以往更强的安全装备。其中，大灯组的设计有了细微变化，里面依然由 3 个小尺寸的 LED 光源投射镜组成，但排列方式变得更有科技感，同时也内建了自动遮蔽和自动切换远近光的功能，3 个投射镜也拥有 180 度的旋转功能。"L" 形尾灯组的下半段采用了熏黑方式处理，让它和前大灯组形成一种相互呼应的设计感和视觉感，同时车侧也提供了重新设计的 20 寸轮圈。

基本参数 (2021 年款旗舰版)	
上市时间	2020 年 11 月
级 别	大型轿车
车身结构	4 门 5 座三厢车
驱动方式	前置后驱
发动机	3.5L 299 马力 V6
变速箱	E-CVT 无级变速
长×宽×高(毫米)	5235×1900×1450
轴 距	3125 毫米
整备质量	2285 千克
最高车速	250 公里/时
0~100 公里/时加速	5.4 秒

新一代 LS 采用了更多的高科技驾驶辅助配备，包括半自动驾驶辅助系统。这套系统从停车场开始到上路都可实现半自动驾驶辅助，系统可协助驾驶者掌控油门、刹车和方向盘，使其在双手离开方向盘的情况下可以确保车辆安全前进，并可实现自动切换车道的功能。

第 2 章 轿　车

雷克萨斯 LS（第五代车型）后侧方视角

雷克萨斯 LS（第五代车型）内饰

雷克萨斯 GS

基本参数 (2017年款旗舰版)	
上市时间	2017年9月
级 别	中大型轿车
车身结构	4门5座三厢车
驱动方式	前置后驱
发动机	2.0T 245马力 L4
变速箱	8挡手自一体
长×宽×高(毫米)	4880×1840×1455
轴 距	2850毫米
整备质量	1705千克
最高车速	230公里/时
0~100公里/时加速	7.3秒

雷克萨斯 GS（Lexus GS）是日本雷克萨斯汽车公司在1993年推出的一款中大型轿车。自问世以来，GS系列车型以其卓越的性能与完美的品质屡获殊荣，赢得了全球无数消费者的倾慕。在推出第四代车型之后，于2020年停产。

雷克萨斯 GS 采用了 LEXUS 雷克萨斯标志性设计元素——纺锤形格栅，纺锤形格栅自然流畅地整合了上下两部分，两侧大灯让前脸看起来更加凌厉。

内饰布局合理，整体做工精细。前排座椅的形状和靠背厚度经过改良，进一步扩大了后排乘客腿部和膝部的空间，令乘坐更为惬意舒适。

雷克萨斯 GS 全系车型均配备了 LEXUS 雷克萨斯独创的车辆动态综合管理系统（VDIM）。该系统能够整合汽车稳定控制系统（VSC）、牵引力控制系统（TRC）、电子制动力分配系统（EBD）等多项安全系统，并结合电子节气门控制系统，实现了转向系统、制动系统和动力系统的最优协同控制。

梅赛德斯-奔驰 S 级

梅赛德斯-奔驰 S 级（Mercedes-Benz S Class）是德国梅赛德斯-奔驰汽车公司在 1972 年推出的一款大型轿车，至今已发展至第七代车型。自 2005 年全球同步进入中国市场以来，S 级旗舰家族已经全部被引进中国市场，极大地满足了中国消费者对于豪华轿车的各种细分需求，并进一步确立了 S 级在中国豪华车市场的领导地位。

基本参数 (2023 年款旗舰版)	
上市时间	2022 年 12 月
级别	大型轿车
车身结构	4 门 5 座三厢车
驱动方式	前置四驱
发动机	3.0T 435 马力 L6
变速箱	9 挡手自一体
长 × 宽 × 高 (毫米)	5320×1921×1503
轴距	3216 毫米
整备质量	2230 千克
最高车速	250 公里 / 时
0~100 公里 / 时加速	5.5 秒

新一代 S 级轿车延续了与现有车型相似的细长比例，而头部和尾部的形状和线条更加动感和简洁。新型智能多光束 LED 大灯具有科幻感和出色的识别能力。

作为奔驰的旗舰豪华车型，第七代 S 级将车内的豪华氛围同样渲染到了极致。半悬浮的 11.9 英寸触摸屏（可选升级为具有更高分辨率和更明亮色彩的 12.8 英寸 OLED 触摸屏），驱动程序前面的 12.3 英寸全数字仪表具有更多样化的显示样式，并提供 3D 模式。

梅赛德斯 - 奔驰 C 级

梅赛德斯 - 奔驰 C 级（Mercedes-Benz C Class）是德国梅赛德斯 - 奔驰汽车公司在 1993 年推出的一款中型轿车，至今已发展至第五代。中国在 2008 年引进该车型，由北京奔驰汽车公司负责生产和销售。

第五代 C 级首次采用梅赛德斯 - 奔驰全新设计的"星河格栅"，并搭载了数字大灯。此外，C 级也首次采用了双段式尾灯，辨识度极高。

基本参数 (2023 年款旗舰版)	
上市时间	2022 年 9 月
级 别	中型轿车
车身结构	4 门 5 座三厢车
驱动方式	前置四驱
发动机	1.5T 204 马力 L4
变速箱	9 挡手自一体
长×宽×高(毫米)	4882×1820×1461
轴 距	2954 毫米
整备质量	1800 千克
最高车速	235 公里 / 时
0~100 公里 / 时加速	7.5 秒

全新设计的内饰融合运动感和数字化的豪华氛围，重新布局的仪表台分为上下两个区域，上层搭载带有氛围照明的出风口，下层则自然延伸至中控台。车内搭载 12.3 英寸数字仪表屏和采用悬浮设计技术的 11.9 英寸中控屏。此外，C 级还搭配了 64 色环境氛围照明系统以及灵感源自于游艇的铝质镶嵌开孔木饰。

C 级率先装备了全新 S 级轿车搭载的奔驰第二代 MBUX 智能人机交互系统，拥有交互升级的"读心语音助理"，同时"实景穿越导航"也均有搭载。其中，MBUX 智能人机交互系统还可进行 OTA 在线升级。与此同时，全新的 MBUX 还整合了智能家居功能。

第 2 章 轿 车

梅赛德斯 - 奔驰 C 级（第五代车型）前侧方视角

梅赛德斯 - 奔驰 C 级（第五代车型）内饰

梅赛德斯-奔驰 E 级

梅赛德斯-奔驰 E 级（Mercedes-Benz E Class）是德国梅赛德斯-奔驰汽车公司在 1993 年推出的一款中大型轿车，至今已推出第五代。中国在 2005 年引进该车型，由北京奔驰汽车公司负责生产和销售。作为中高端车型代表，梅赛德斯-奔驰 E 级在中国市场的销量一直处于领先地位。

第五代梅赛德斯-奔驰 E 级外观采用最新的家族式设计方式，整体造型更加动感。前脸装配了大尺寸盾形进气格栅，两侧设置了全新造型的 LED 头灯组。车尾部分没有过多的线条装饰，造型比较饱满圆润。两侧 LED 灯组沿用家族设计风格，内部灯组采用独特的倒三角形样式，在夜间照明时，辨识度很高。

内饰部分，中控台一体式的仪表盘和车机屏凸显出了科技感，再配合复古的圆形出风口和高档的内饰用料营造出了强烈的豪华感。

基本参数 (2023 年款旗舰版)	
上市时间	2022 年 9 月
级　别	中大型轿车
车身结构	4 门 5 座三厢车
驱动方式	前置后驱
发动机	2.0T 258 马力 L4
变速箱	9 挡手自一体
长×宽×高（毫米）	5078×1860×1480
轴距	3079 毫米
整备质量	1800 千克
最高车速	240 公里 / 时
0~100 公里 / 时加速	6.9 秒

第 2 章 轿 车

梅赛德斯 - 奔驰 E 级（第五代车型）前侧方视角

梅赛德斯 - 奔驰 E 级（第五代车型）内饰

梅赛德斯-奔驰 A 级

梅赛德斯-奔驰 A 级（Mercedes-Benz A Class）是德国梅赛德斯-奔驰汽车公司在 1997 年推出的一款紧凑型轿车，至今已发展至第四代。

第四代 A 级基于 MFA2 平台打造，车身尺寸相对于上一代 A 级来说有所增加。外观方面继续延续了家族设计方式，车身线条动感流畅，尾部的设计较为简洁，并配备了采用 LED 光源的尾灯组，并使其尾部造型看上去更为时尚动感。

基本参数 (2022 年款旗舰版)	
上市时间	2022 年 9 月
级　别	紧凑型轿车
车身结构	4 门 5 座三厢车
驱动方式	前置前驱
发动机	1.3T 163 马力 L4
变速箱	7 挡湿式双离合
长×宽×高(毫米)	4622×1796×1459
轴　距	2789 毫米
整备质量	1417 千克
最高车速	230 公里/时
0~100 公里/时加速	6.8 秒

内饰方面，车内采用环抱式座舱设计方式，其三辐式多功能方向盘搭配怀挡设计十分简洁。中控屏与仪表盘两块 10.25 英寸超大液晶屏幕连接为一个平面，配合氛围灯营造出了极佳的精致感。中间三个涡轮喷射器造型的出风口科幻效果强烈，而且内部打磨精致的金属叶面，犹如艺术品一般让人心情愉悦。

梅赛德斯-奔驰 A 级（第四代车型）前侧方视角

梅赛德斯-奔驰 A 级（第四代车型）内饰

梅赛德斯-奔驰 B 级

梅赛德斯 - 奔驰 B 级（Mercedes-Benz B Class）是德国梅赛德斯 - 奔驰汽车公司于 2005 年推出的一款轿车，至今已发展至第三代。

第三代梅赛德斯 - 奔驰 B 级在外形上并无太多变化，前脸采用的是奔驰家族化的多边形进气格栅，内部使用蜂窝状结构进行装饰，搭配横幅式镀铬条以及奔驰大标带来了出色的辨识度。车身侧面，车顶线条比较平直，能够最大程度保证后排乘客的头部空间，腰线采用的是贯穿式设计方式，其视觉效果显得修长大气，并有效增强了车身侧面的层次感。尾灯组采用了熏黑技术，点亮后很有辨识度。内饰方面，新车采用了家族化设计风格，双 10.25 英寸的屏幕营造了不错的豪华感。另外，新车还搭载奔驰最新的 MBUX 人机交互系统，并且支持语音控制。

基本参数 (2022 年款旗舰版)	
上市时间	2022 年 9 月
级别	紧凑型轿车
车身结构	5 门 5 座两厢车
驱动方式	前置前驱
发动机	1.3T 163 马力 L4
变速箱	7 挡湿式双离合
长×宽×高(毫米)	4423×1796×1555
轴距	2729 毫米
整备质量	1426 千克
最高车速	223 公里/时
0~100 公里/时加速	7.1 秒

第 2 章 轿 车

梅赛德斯 - 奔驰 B 级（第三代车型）前侧方视角

梅赛德斯 - 奔驰 B 级（第三代车型）内饰

梅赛德斯-奔驰 EQE

梅赛德斯-奔驰 EQE（Mercedes-Benz EQE）是德国梅赛德斯-奔驰汽车公司在 2022 年推出的一款纯电动轿车，中国同步引进了该车型，由北京奔驰汽车公司负责生产和销售。

从外观来看，国产版延续了海外版的车型设计方式，前脸采用封闭式的"暗夜星阵"前格栅，与双透镜 LED 灯组融为一体，整体来看非常具有科幻感和未来感。为了保证

基本参数 (2022 年款旗舰版)	
上市时间	2022 年 8 月
级别	中大型轿车
车身结构	4 门 5 座三厢车
驱动方式	后置后驱
变速箱	电动车单速变速箱
长 × 宽 × 高 (毫米)	4969×1906×1514
轴距	3120 毫米
整备质量	2410 千克
最高车速	180 公里 / 时
0~100 公里 / 时加速	6.7 秒

极低的风阻系数，该车侧面采用"弯弓式设计方式"，极具流线型的车身浑然一体，车尾部比较厚重，上窄下宽的造型充满力量感，车尾上方有一个鸭尾造型。车内采用了 12.3 英寸仪表盘 +12.8 英寸中控屏的组合。此外，胡桃木饰板、主动式环境氛围灯、柏林之声音响，还有触手可及的皮革座椅等，都彰显出该车内饰的豪华性。

马自达 6

马自达 6（Mazda 6）是日本马自达汽车公司于 2002 年推出的一款中型轿车，至今已发展至第三代。中国一汽马自达汽车公司在 2003 年引进该车型。凭借其非凡的外观及操控性，马自达 6 在当年获得年度车"弯道之王"的称号，并一直保持旺销势态。

马自达 6 第三代在中国市场又称"阿特兹"，外观基本沿袭了海外版马自达 6 的设计方式，其中银色网状格栅替代了旧款的横幅式进气格栅，展现出来的气势感更强。头灯和车头下方两侧的银色装饰做了一些调整，风格上变得更加时尚。

内饰相比旧款车型有了很大提升，首先内部座舱给人的感觉更加简约，视野开阔感更强。栓木饰板贯穿整个中控台，而奥司维顶级材质则大量使用在中控台以及门板上，对于以往不擅长在内部用料做文章的马自达而言，这次用料上的变化是一次很大的突破。

基本参数 (2021 年款旗舰版)	
上市时间	2021 年 3 月
级　别	中型轿车
车身结构	4 门 5 座三厢车
驱动方式	前置前驱
发动机	2.5L 192 马力 L4
变速箱	6 挡手自一体
长×宽×高(毫米)	4870×1840×1451
轴　距	2830 毫米
整备质量	1575 千克
最高车速	226 公里/时
0~100 公里/时加速	8.3 秒

欧宝英速亚

欧宝英速亚（Opel Insignia）是德国欧宝汽车公司在2009年推出的一款轿车，至今已发展至第二代。

秉持欧宝品牌"德国精密工艺融合雕塑美学"的设计传统，欧宝英速亚将流体力学加以极致运用。近乎两厢轿跑的车身比例、四轮外扩的立体设式方式，搭配飞翼整合式立体大灯、侧窗与水平外扬式格栅等扬翼式精缀细节，为欧宝英速亚平添一种速度感与时尚感，并塑造出独特、运动但不失稳重的气质。其NVH静音座舱能够从降噪、隔噪、吸噪三个环节有效隔绝车外噪声，营造座舱宁静舒适的环境。

全车周密充足的储物空间也相当人性化：全开式大开口后备厢、地板下置物层、电动高度二段可调后背门等空间要素，都可以满足驾乘人员的不同储物需求，使车内布局更合理，物品摆放更井然有序。

基本参数 (2013年款旗舰版)	
上市时间	2013年4月
级别	中型轿车
车身结构	5门5座旅行车
驱动方式	前置四驱
发动机	2.0T 250马力 L4
变速箱	6挡手自一体
长×宽×高(毫米)	4908×1856×1520
轴距	2737毫米
整备质量	1892千克
最高车速	230公里/时
0~100公里/时加速	8.1秒

欧宝英速亚（第二代车型）前侧方视角

欧宝英速亚（第二代车型）内饰

讴歌 RLX

讴歌 RLX（Acura RLX）是日本讴歌汽车公司在 2012 年推出的一款中大型轿车，后因销量不佳于 2020 年正式停产。

作为讴歌旗下的旗舰轿车，RLX 采用了讴歌全新家族式前脸设计方式，配备钻石形中网，内部由菱形颗粒组成，周围采用镀铬饰条进行装饰。前保险杠有所调整，下部进气口采用贯穿式设计方式。新车前大灯组样式换新，内部镶嵌了 16 颗透镜，官方称之为"Jewel Eye"（宝石眼）。车尾换装全 LED 尾灯组，装配黑色扩散器，配备双边共两出排气布局。

内饰采用环抱式座舱布局，配备三辐式多功能方向盘和双圆仪表盘，中控台采用上下双屏设计按钮式换挡设计方式。此外，讴歌 RLX 配备的安全装置包括防碰撞自动刹车、车道预警偏离、车道保持辅助和自适应巡航系统等。

基本参数 (2015 年款旗舰版)	
上市时间	2014 年 12 月
级　别	中大型轿车
车身结构	4 门 5 座三厢车
驱动方式	前置四驱
发动机	3.5L 379 马力 V6
变速箱	7 挡湿式双离合
长×宽×高（毫米）	4995×1890×1480
轴　距	2850 毫米
整备质量	1975 千克
最高车速	160 公里 / 时
0~100 公里 / 时加速	6.7 秒

第 2 章 轿 车

起亚 K9

起亚 K9（Kia K9）是韩国起亚汽车公司在 2012 年推出的一款中大型轿车，目前已发展至第二代。

在外观方面，起亚 K9 以起亚象征性的虎啸格栅为中心，头灯向两侧延伸，上下灯均采用了 LED 设计方式，可根据车速自动切换光束模式，同时还配备了转向灯功能。尾灯采用贯穿式设计方式，灯组内部结构精致，在点亮后极具辨识度，后下唇采用黑色设计方式，搭配双边共两出排气布局，运动化风格十分显著。

内饰融入起亚最新的设计理念，配备了全液晶仪表盘，悬浮式中控多媒体屏幕，搭配四幅式多功能方向盘以及电子挡把，营造出不错的科技氛围，座椅材质质感优秀，带有电动调节，造型上比较强调舒适性和贴合感，后排设置了空调出风口，提升了后排乘员的舒适性。

基本参数 (2021 年款旗舰版)	
上市时间	2021 年 5 月
级　别	中大型轿车
车身结构	4 门 5 座三厢车
驱动方式	前置四驱
发动机	5.0L 435 马力 V8
变速箱	8 挡手自一体
长 × 宽 × 高 (毫米)	5140×1915×1505
轴　距	3105 毫米
整备质量	2166 千克
最高车速	240 公里 / 时
0~100 公里 / 时加速	4.9 秒

日产轩逸

日产轩逸（Nissan Sylphy）是日本日产汽车公司在 2000 年推出的一款紧凑型轿车，至今已发展至第四代。中国于 2006 年引进该车型，由东风日产汽车公司负责销售。截至 2019 年，轩逸在中国市场累计销量超过 300 万辆，是中国市场的主流家用轿车之一。

第四代轩逸基于日产全球 CMF 平台打造，优化了整体车身结构，车身线条更流畅，突破了传统家用轿车的设计定式，宽高比接近豪华运动轿车的水平。此外，该车型还搭载了包括 IFCW 超视距碰撞预警、EAPM 油门误踩纠正、CTA 倒车车侧预警和 IDA 疲劳智能预警等同级独有的安全配置。

基本参数 (2022 年款旗舰版)	
上市时间	2021 年 9 月
级 别	紧凑型轿车
车身结构	4 门 5 座三厢车
驱动方式	前置前驱
发动机	1.6L 135 马力 L4
变速箱	CVT 无级变速
长×宽×高 (毫米)	4641×1815×1447
轴 距	2712 毫米
整备质量	1318 千克
最高车速	186 公里 / 时
0~100 公里 / 时加速	12 秒

小知识：

2020 年 4~12 月，轩逸连续 9 个月在月销榜单称王，并以年度总销量 540947 辆的成绩，再次成为中国乘用车市场年度销量总冠军。

日产天籁

日产天籁（Nissan Teana）是日本日产汽车公司在 2003 年推出的一款中型轿车，至今已发展至第三代。中国在 2004 年引进该车型，历经多次换代改款，这款车依然保持着强盛的生命力。作为日产汽车的主力车型，日产天籁是国内最畅销的中型轿车之一。

基本参数 (2022 年款旗舰版)	
上市时间	2022 年 9 月
级别	中型轿车
车身结构	4 门 5 座三厢车
驱动方式	前置前驱
发动机	2.0T 243 马力 L4
变速箱	CVT 无级变速
长×宽×高(毫米)	4906×1850×1447
轴距	2825 毫米
整备质量	1590 千克
最高车速	225 公里 / 时
0~100 公里 / 时加速	6.6 秒

新一代天籁采用全新的设计方式，前脸部分弱化了 V 字形前格栅风格，虽然还是倒梯形大尺寸前格栅，但将现款格栅边缘的镀铬饰条更换为横条式元素，与格栅内部辐条相对应，提升了前脸的视觉宽度。同时取消前保险杠两灯组，并在前包围下部增加了一条贯穿式镀铬饰条。

内饰方面，天籁整体变化不大，但是换装了一组尺寸更大的悬浮式中控屏。另外，中控区域也进行了大幅度调整，杯架由此前的圆形改为方形，并且空调出风口也缩小了尺寸。

现代汽车鉴赏（家用汽车篇）

特斯拉 Model 3

特斯拉 Model 3（Tesla Model 3）是美国特斯拉汽车公司在2017年推出的一款中型轿车，2019年开始在中国市场销售。

在新能源汽车市场上，Model 3 因出色的性能和强大的品牌号召力，深受国内外消费者青睐。家族化的造型具有极高的辨识度，整车采用大量降低风阻的元素，俯冲的前脸，略微隆起的三角式大灯，溜背的造型，以及稍微翘起的小鸭尾，在降低风阻的同时增强了车身的稳定性。

基本参数 (2022年款旗舰版)	
上市时间	2021年12月
级 别	中型轿车
车身结构	4门5座三厢车
驱动方式	双电动机四驱
电动机	186马力感应异步+299马力永磁同步
变速箱	1挡固定齿比
长×宽×高(毫米)	4694×1850×1443
轴 距	2875毫米
整备质量	1836千克
最高车速	261公里/时
0~100公里/时加速	3.3秒

Model 3 采用无钥匙设计方式，提供的卡片钥匙同样可以解锁车门。

简约的内饰风格是特斯拉一贯的设计宗旨，方向盘左侧轨迹球是自定义按键，根据不同功能执行不同的操作，方向盘电动调节以及后视镜调节都在此。

第 2 章 轿 车

特斯拉 Model 3 后侧方视角

特斯拉 Model 3 内饰

沃尔沃 S601

沃尔沃 S60（Volvo S60）是瑞典沃尔沃汽车公司在 2000 年推出的一款紧凑型轿车，至今已发展至第三代，2010 年引进中国市场。

第三代沃尔沃 S60 基于 SPA 平台打造，采用了最新的家族设计方式。整体造型设计更加简洁硬朗，前脸植入了多边形进气中网，内部为点阵式结构，搭配两侧的"雷神之锤"LED 前大灯，整体视觉效果动感精致。尾部方面，造型时尚而具商务气息，后备箱上有向后的延伸，形成微微上翘的"小鸭尾"。

内饰部分，针对细节进行了升级，方向盘功能区域更换为钢琴烤漆处理，挡把部分则升级为水晶电子挡把，视觉效果更加豪华。此外，S60 全系标配了 12.3 英寸液晶仪表、GPS 导航系统、车机 OTA 升级。

基本参数 (2023 年款旗舰版)	
上市时间	2022 年 6 月
级　别	紧凑型轿车
车身结构	4 门 5 座三厢车
驱动方式	前置前驱
发动机	2.0T 250 马力 L4
变速箱	8 挡手自一体
长 × 宽 × 高 (毫米)	4778×1850×1437
轴距	2872 毫米
整备质量	1729 千克
最高车速	180 公里 / 时
0~100 公里 / 时加速	6.9 秒

第 2 章 轿 车

沃尔沃 S60（第三代车型）前侧方视角

沃尔沃 S60（第三代车型）内饰

沃尔沃 V40

基本参数(2019年款旗舰版)	
上市时间	2018年10月
级别	紧凑型轿车
车身结构	5门5座两厢车
驱动方式	前置前驱
发动机	1.5T 152马力 L4
变速箱	6挡手自一体
长×宽×高(毫米)	4370×1802×1439
轴距	2647毫米
整备质量	1472千克
最高车速	210公里/时
0~100公里/时加速	8.3秒

沃尔沃V40（Volvo V40）是瑞典沃尔沃汽车公司在2012年推出的一款小型轿车，作为S40的换代车型，V40在各个方面都融入了更加具有时代感的时尚元素。

V40融合了沃尔沃的现代设计和经典元素，豹眼、鲨鱼嘴、鸟翼、水滴的造型，在V40的车身上被运用得惟妙惟肖，既动感又极具个性。X形前脸与S60有着异曲同工之妙，相比S60的"四眼"灯组设计，V40将日间行车灯移到了下格栅两侧，运用了更为先进的线状LED发光技术，带来更具科技感和个性化的外观效果。车尾后包围处全新V40采用了运动车型常用的双色设计方式，显露出主打运动风格的特性。

内饰方面，沃尔沃V40延续了一向的精致简约设计风格，特别是具有沃尔沃标志性的悬浮式中央面板。通过增加车门、仪表盘、中央显示屏、空调出风口、一键启动按键以及中控台旋钮等处的镀铬饰边，从视觉上提升了内饰的精致感。

第 2 章 轿 车

沃尔沃 V40 前侧方视角

沃尔沃 V40 内饰

沃尔沃 S90

沃尔沃 S90（Volvo S90）是瑞典沃尔沃汽车公司在 2016 年推出的一款中大型轿车，中国在 2016 年引进了该车型。

S90 采用 SPA 模块化架构打造，车身延续了海外版车型的造型设计，整体的前脸造型看上去更为精致，直瀑式中网搭配位于前保险杠的贯穿式镀铬装饰条勾勒出沉稳的轮廓，并提升了前脸的整体辨识度。尾部采用全 LED 光源和流水式转向灯的尾灯组，夜晚点亮后辨识度更高。

基本参数 (2023 年款旗舰版)	
上市时间	2022 年 7 月
级别	中大型轿车
车身结构	4 门 5 座三厢车
驱动方式	前置前驱
发动机	2.0T 250 马力 L4
变速箱	8 挡手自一体
长×宽×高(毫米)	5090×1879×1444
轴距	3061 毫米
整备质量	1824 千克
最高车速	180 公里/时
0~100 公里/时加速	7.2 秒

S90 的内饰呈现出硬派的设计风格，和该车定位相符合。此外，S90 搭载了盲点信息系统、路面偏离预警系统以及城市安全系统等一系列创新科技产品，从智能安全到基于云技术的汽车互联应用和服务，沃尔沃以人为本的理念被融入到车身的每一处细节。

第 2 章 轿 车

沃尔沃 S90 前侧方视角

沃尔沃 S90 内饰

107

现代伊兰特

现代伊兰特（Hyundai Elantra）是韩国现代汽车公司在1990年推出的一款紧凑型轿车，至今已发展至第七代。中国在2004年引进该车型，由北京现代汽车公司负责生产和销售。历代伊兰特在中国所累积的销量已经超过了470万辆，多次蝉联A级车市场销冠。

第七代伊兰特在外观方面采用家族式最新的设计方式，整体造型更加年轻动感，前脸夸张的大尺寸中网格栅，中网两侧呈上扬式设计，与两侧犀利的大灯造型融为一体，具有极强的视觉冲击力。车尾部分采用贯穿式的尾灯设计方式，带来了更加出色的视觉效果和较高的辨识度。

内饰采用了环绕感极强的包裹式设计方式，向驾驶员微微侧倾10°的中控台打造出更明显的专属驾驶空间，非对称式布局极大地为日常驾驶提供了便利，尤其是10.25英寸全液晶仪表盘和10.25英寸中控屏的联屏设计，配合中控台上的触摸板令车内的高级感和科技氛围增色不少。

基本参数(2022年款旗舰版)	
上市时间	2022年1月
级别	紧凑型轿车
车身结构	4门5座三厢车
驱动方式	前置前驱
发动机	1.4T 140马力 L4
变速箱	7挡干式双离合
长×宽×高(毫米)	4680×1810×1415
轴距	2720毫米
整备质量	1270千克
最高车速	200公里/时
0~100公里/时加速	8.79秒

第 2 章 轿 车

现代伊兰特（第七代车型）前侧方视角

现代伊兰特（第七代车型）内饰

现代汽车鉴赏（家用汽车篇）

现代雅科仕

现代雅科仕（Hyundai Equus）是韩国现代汽车公司在1999年推出的一款大型轿车，是该公司历时5年耗资数亿美元打造的顶级旗舰车型。

雅科仕整车线条流畅简洁，大气而饱满。菱形的大灯、直瀑式的进气格栅，再加上颗粒状的转向灯更显别致。尾灯同样采用菱形上挑的尾灯设计方式，较老款多了些时尚感。后视镜增加了LED转向灯，实用之外更显时代感。

基本参数(2014年款旗舰版)	
上市时间	2013年6月
级　别	大型轿车
车身结构	4门4座三厢车
驱动方式	前置后驱
发动机	5.0L 430马力 V8
变速箱	8挡手自一体
长×宽×高(毫米)	5460×1890×1495
轴　距	3345毫米
整备质量	2150千克
最高车速	240公里/时
0~100公里/时加速	5.7秒

车内的后排座椅，除了电动遮阳帘、后座空调出风口之外，还可以通过位于车门门上的调节键来调整座垫前后位置、靠背倾角、头枕高度等。为了进一步增强雅科仕的科技感，现代为3.8升排量车型配备了智能钥匙、发动机一键式启动系统、车道偏航提醒系统、泊车智能引导系统及前后泊车影像等尖端配置。一方面，众多的高科技装备显示了现代先进的造车技术；另一方面，这些豪华装备也令雅科仕更加物有所值。

第 2 章　轿　车

现代雅科仕前侧方视角

现代雅科仕内饰

雪佛兰迈锐宝

雪佛兰迈锐宝（Chevrolet Malibu）是美国雪佛兰汽车公司在 1964 年推出的一款中型轿车，至今已发展至第九代。中国在 2011 年引进该车型，由上汽通用汽车公司负责生产和销售。

第九代迈锐宝车头采用波浪式进气格栅的设计方式。与两侧 LED 灯融为一体，看上去极具动感，车身修长的线条显得力量充沛，再搭配大尺寸轮毂使侧面看上去整体充满野性。

基本参数 (2018 年款旗舰版)	
上市时间	2017 年 10 月
级别	中型轿车
车身结构	4 门 5 座三厢车
驱动方式	前置前驱
发动机	1.5T 170 马力 L4
变速箱	6 挡手自一体
长×宽×高(毫米)	4855×1854×1476
轴距	2737 毫米
整备质量	1520 千克
最高车速	205 公里/时
0~100 公里/时加速	10.2 秒

内饰部分采用环抱式设计方式，中控面板增加了新的网纹图案，内嵌式的大屏看上去更加醒目。另外，还配备有一键启动、三辐式多功能方向盘、电子手刹等配置，内部整体非常有层次感。迈锐宝还有着多项智能安全系统，比如 ACC 自适应巡航、FCA 前方碰撞预警、CMB 碰撞缓解系统、LKA 行道保持辅助、LDW 车道偏离预警等安全辅助，不仅可以提供全方位的安全保护，更可以全面护航驾乘安全。

雪铁龙 C5

基本参数 (2019 年款旗舰版)	
上市时间	2019 年 4 月
级　　别	中型轿车
车身结构	4 门 5 座三厢车
驱动方式	前置前驱
发动机	1.6T 167 马力 L4
变速箱	6 挡手自一体
长×宽×高(毫米)	4825×1860×1480
轴　　距	2815 毫米
整备质量	1580 千克
最高车速	215 公里/时
0~100 公里/时加速	8.3 秒

　　雪铁龙 C5（Citroën C5）是法国雪铁龙汽车公司在 2001 年推出的一款大型家用轿车，至今已发展至第二代车型。中国在 2009 年将其引进国内市场，由东风雪铁龙汽车公司负责生产和销售。

　　雪铁龙 C5 所采用的是高科技的"太空救生舱级"高强度车身设计技术，并首开中高级轿车先河，在车身上应用 ALW 航空激光焊接技术，极大提升了车身整体的强度和密度，再加上斜向防撞梯形框架、耐冲击车身底板、60% 高强度钢板、70% 双面镀锌钢板、环绕立体式防撞座舱、四级溃缩式转向柱等一系列技术手段的运用，使得 C5 拥有一副高刚性、高强度、耐冲击的车身结构，车身强度比普通车身提高 30%。

　　雪铁龙 C5 还采用先进的多路传输技术，实现多种自动控制功能，包括灯光照明的自动控制、自动雨刮器、多功能车载电脑、电子泊车辅助装置、轮胎气压自动检测等。

现代汽车鉴赏（家用汽车篇）

雪铁龙 C5（第二代车型）前侧方视角

雪铁龙 C5（第二代车型）内饰

第 3 章　运动型多用途车

运动型多用途车（SUV）是一种拥有旅行车般的空间机能，配以货车越野能力的车型。受到休闲汽车休旅风气的影响，SUV 的高空间机能和越野能力，已经取代旅行车成为家庭休闲旅游的主要车型。

奥迪 Q2L

奥迪 Q2L（Audi Q2L）是奥迪 Q2 在中国市场的一款长轴距 SUV 车型，由一汽奥迪汽车公司负责生产和销售。

奥迪 Q2L 作为家族中入门级 SUV 车型，主打年轻时尚，非常具有个性化。外观方面，奥迪 Q2L 采用了家族化的六边形进气格栅，且配备了内含 T 形 LED 日行灯的前大灯，前保险杠再通过一条银色饰条加以修饰，配备 T 形 LED 光源尾灯，整体显得极为动感时尚。车身侧面简单的双腰线配合前后起伏的轮拱，以及平直的侧窗样式，获得了很好的塑型效果，让车身格外硬朗。悬浮式的车顶设计让 Q2L 的运动感呼之欲出，车身侧面还印有奥迪的 LOGO 来弥补纯色面板带来的单调感。

内饰整体设计风格和奥迪 A3 非常相似，采用红黑双色内饰搭配方式，运用大面积软质材料覆盖，辅以镀铬饰条点缀修饰，悬浮式的中控屏搭配多功能方向盘，更显科技感。

基本参数 (2022 年款旗舰版)	
上市时间	2021 年 8 月
级别	小型 SUV
车身结构	5 门 5 座 SUV
驱动方式	前置前驱
发动机	1.4T 150 马力 L4
变速箱	7 挡干式双离合
长×宽×高(毫米)	4270×1785×1547
轴距	2628 毫米
整备质量	1425 千克
最高车速	200 公里 / 时
0~100 公里 / 时加速	9.3 秒

奥迪 Q3

奥迪 Q3（Audi Q3）是德国奥迪汽车公司在 2011 年推出的一款 SUV 车型，至今已发展至第二代车型。凭借较为出众的造型设计，以及不错的燃油经济性，奥迪 Q3 一度成为众多年轻消费者的购车首选。

第二代奥迪 Q3 基本上延续了现款车型的设计风格，为了满足不同消费者的审美需求，该车前脸进气格栅可提供竖向阵列以及横向 Y 字形网格状，加上两侧采用 LED 光源的锐利大灯，以及下方三段式设计的进气口，整体给人一种年轻且动感十足的视觉感受。

基本参数 (2023 年款旗舰版)	
上市时间	2022 年 10 月
级　别	紧凑型 SUV
车身结构	5 门 5 座 SUV
驱动方式	前置四驱
发动机	2.0T 220 马力 L4
变速箱	7 挡湿式双离合
长 × 宽 × 高 (毫米)	4495×1848×1616
轴　距	2680 毫米
整备质量	1735 千克
最高车速	200 公里 / 时
0~100 公里 / 时加速	7.6 秒

内饰部分，中控区域微微侧向驾驶员一侧，并保留了大量的实体按键，有利于驾驶员日常便捷式的操作，10.25 英寸的全液晶仪表盘加上 10.1 英寸的中控显示屏，大面积皮革材质的覆盖，以及镀铬元素的装饰，显得车内非常舒适、豪华。

奥迪 Q7

奥迪 Q7（Audi Q7）是德国奥迪汽车公司在 2005 年推出的一款 SUV 车型，至今已发展至第二代。奥迪 Q7 是一款强调舒适性的中大型 SUV，将运动性、功能性、高科技和豪华品质巧妙地融为一体。

第二代奥迪 Q7 基于全新的 MLB 2 平台打造，使用的铝合金材料达到 41%，采用大量高强度钢和铝的底盘以及多种材料构造车身，大大提高了燃油经济性及操控性能。

基本参数 (2023 年款旗舰版)	
上市时间	2022 年 11 月
级　　别	中大型 SUV
车身结构	5 门 5 座 SUV
驱动方式	前置四驱
发动机	3.0T 340 马力 V6
变速箱	8 挡手自一体
长×宽×高（毫米）	5052×1968×1741
轴　　距	2999 毫米
整备质量	2250 千克
最高车速	250 公里/时
0~100 公里/时加速	5.9 秒

奥迪 Q7 在外观上最引人注目的要属其设计独特的银色立体单一进气格栅。此外，更低、更窄的矩阵式 LED 前大灯，与大型进气孔一起，让整车前脸看上去更具侵略性。位于车轮拱罩上以及发动机舱盖两侧的多重折痕让外形显得更为方正，车侧线条沿着车窗延伸向后，不仅使整车轮廓更加分明，而且立体感十足。而向后下滑的车顶弧线则让其显得底盘更低、更运动。

第 3 章　运动型多用途车

奥迪 Q7（第二代车型）前侧方视角

奥迪 Q7（第二代车型）内饰

奥迪 Q5L

奥迪 Q5L（Audi Q5L）是奥迪 Q5 在中国市场的长轴距 SUV 车型，由一汽奥迪汽车公司负责生产和销售。

奥迪 Q5L 前脸棱角分明、六边形的进气格栅，与家族 Q7 相似。明亮而均匀的远光由每侧 14 个独立的 LED 发出，射程可达 300 米。同时可以根据情况单独点亮或熄灭它们，还能分 64 个亮度级别调暗灯光，可以有效地避免其他车辆的驾驶员感到眩目，在使用上为用户提供了最高安全性与豪华感。

基本参数 (2022 年款旗舰版)	
上市时间	2022 年 6 月
级　别	中型 SUV
车身结构	5 门 5 座 SUV
驱动方式	前置四驱
发动机	2.0T 252 马力 L4
变速箱	7 挡湿式双离合
长×宽×高（毫米）	4770×1893×1667
轴　距	2907 毫米
整备质量	1850 千克
最高车速	230 公里/时
0~100 公里/时加速	6.9 秒

内饰方面，12.3 英寸的全液晶仪表盘显示效果清晰，多媒体系统由触摸板来进行操控。最新一代 MMI 高端导航系统可以提供多样化信息娱乐功能、车内空气循环系统、最多 19 个扬声器的 B&O 3D 音响以及奥迪虚拟座舱。此外，Q5L 的车身长度提供了更舒适的前后排肩部、头部及膝部空间，通过科学、合理的设计，大幅提升了内部空间的实用性。

第 3 章　运动型多用途车

奥迪 Q8

奥迪 Q8（Audi Q8）是德国奥迪汽车公司在 2018 年推出的一款 SUV 车型，这款车型的诞生弥补了奥迪汽车公司在中大型运动 SUV 上产品的缺失。

奥迪 Q8 采用了奥迪汽车家族式外观造型设计方式，尤其是全新的高科技 LED 前后灯组，以及贯通式的后尾灯，让整车外观具有了很高的辨识度。顶棚的宽线条、与众不同的高车身平面以及扁平的风窗区域都折射和反映出了极具个性的奥迪特点。

内饰方面，全液晶仪表、嵌入式的 10.1 英寸中控屏幕以及下方的功能控制屏，构成了奥迪 Q8 数字化座舱的主要部分。此外，该车还能通过座椅及载物空间多达 28 种的多功能组合营造出不同的空间大小。车内提供许多储物空间以方便乘客出行。在前排乘客的脚部空间、前排座椅背后和行李箱上都装有储物网袋。

基本参数 (2022 年款旗舰版)	
上市时间	2021 年 11 月
级　别	中大型 SUV
车身结构	5 门 5 座 SUV
驱动方式	前置四驱
发动机	3.0T 340 马力 V6
变速箱	8 挡手自一体
长 × 宽 × 高 (毫米)	5006×1995×1695
轴　距	2998 毫米
整备质量	2260 千克
最高车速	250 公里 / 时
0~100 公里 / 时加速	6.2 秒

宝马 X5

宝马 X5（BMW X5）是德国宝马汽车公司在 1999 年推出一款 SUV 车型，至今已发展至第四代。

第四代宝马 X5 最大的优点是外观延续了宝马 SUV 的家族特色，格栅与大灯采用分体式设计方式，双肾进气格栅尺寸增大，看起来更有气势，天使眼大灯轮廓收窄变得更犀利。内部新增的"Y"字形蓝色标志非常醒目。此外，第四代 X5 标配了照射范围可达 500 米的激光大灯，

基本参数 (2022 年款旗舰版)	
上市时间	2022 年 8 月
级　　别	中大型 SUV
车身结构	5 门 5 座 SUV
驱动方式	前置四驱
发动机	3.0T 333 马力 L6
变速箱	8 挡手自一体
长×宽×高（毫米）	5060×2004×1779
轴　　距	3105 毫米
整备质量	2225 千克
最高车速	238 公里 / 时
0~100 公里 / 时加速	6 秒

两条上下呼应的特征线将车侧切出了许多型面。与此同时，这种汲取于水晶切割的设计理念还体现在视觉特征被进一步放大的霍式弯角和六角形轮拱上。

X5 在内饰设计中同样具有不少精致之处，比如中控屏幕下方复古的金属出风口及拨轮、夜晚视觉效果绚烂的星空全景天窗；排挡杆、iDrive 旋钮和驾驶模式选择按键被高度集中在中央地台中心区域，水晶材质的挡杆内部还有立体浮雕的"X"字样。

第 3 章　运动型多用途车

宝马 X5（第四代车型）前侧方视角

宝马 X5（第四代车型）内饰

宝马 X3

宝马 X3（BMW X3）是德国宝马汽车公司在 2003 年推出的一款 SUV 车型，至今已发展至第三代车型。

第三代宝马 X3 的六边形自适应 LED 大灯不再与双肾型进气格栅相连，并且宽大的双肾进气格栅与全新设计的扁平 LED 雾灯，使该车外观更加威猛、运动。车身侧面腰线贯穿门把手，从前翼子板一直延伸至尾灯组。尾部 LED 灯组内部进行了熏黑处理，保险杠底部配有银色下护板，排气为双边共两出式布局。

基本参数 (2022 年款旗舰版)	
上市时间	2022 年 8 月
级别	中型 SUV
车身结构	5 门 5 座 SUV
驱动方式	前置四驱
发动机	2.0T 252 马力 L4
变速箱	8 挡手自一体
长×宽×高(毫米)	4737×1891×1689
轴距	2864 毫米
整备质量	1870 千克
最高车速	235 公里/时
0~100 公里/时加速	6.8 秒

内饰搭配 10.25 英寸悬浮式中控显示屏和 12.3 英寸全液晶仪表盘，集成"五维人机交互界面"与最新的 iDrive 系统，车内成员可通过自然语音识别、手势控制、触控屏幕、iDrive 系统和热敏按键进行操作。此外，宝马 X3 还配备了主动通风座椅和高级香氛系统等舒适配置。

第 3 章　运动型多用途车

宝马 X3（第三代车型）前侧方视角

宝马 X3（第三代车型）内饰

125

宝马 X6

宝马 X6（BMW X6）是德国宝马汽车公司在 2007 年推出的一款 SUV 车型，至今已发展至第三代。和定位于侧重公路行驶性能的 X5 相比，X6 在公路性能上进化得更为彻底，在外形设计和动力操控方面融合了跑车的运动能力和 SUV 的多功能。

外观方面，第三代宝马 X6 采用连体式设计的二重肾进气口，还提供了炫目的丝网格栅，格栅下采用了三段式的大型吸气口设计方式。尾部采用新的 LED 3D 立体浮游尾灯，配合押尾翼、两边的排气装饰，后保险杠支持黑色的黑色的脚踝处理和银色的镀铬装饰，采用 Y 字形五放式车轮，装备有 20～22 英寸不同尺寸的铝轮。

内饰方面，X6 采用三幅式多功能手柄、全液晶仪表板、12.3 英寸中控液晶面板和 iDrive7 系统、水晶质感新的电子齿轮等，采用大量碳纤维内饰栏。

基本参数 (2022 年款旗舰版)	
上市时间	2022 年 6 月
级　别	中大型 SUV
车身结构	5 门 5 座 SUV
驱动方式	前置四驱
发动机	3.0T 340 马力 L6
变速箱	8 挡手自一体
长×宽×高(毫米)	4947×2004×1698
轴　距	2975 毫米
整备质量	2205 千克
最高车速	250 公里/时
0~100 公里/时加速	5.5 秒

第 3 章　运动型多用途车

宝马 X6（第三代车型）前侧方视角

宝马 X6（第三代车型）内饰

宝马 X1

宝马 X1（BMW X1）是德国宝马汽车公司在 2009 年推出的一款 SUV 车型，至今已发展至第三代。由于其较小的尺寸、更高的效率以及全轮驱动设计带来的更低价格，它拥有广泛的消费群体。

第三代宝马 X1 依然采用具有辨识度双肾式前格栅，配合造型运动的前包围，带来了更强的视觉冲击力。此外，前大灯组的视觉效果也有提升，勺形的 LED 日间行车灯的加入让它看上去更加犀利，气势感更强。

内饰部分则保留了现款车的样式风格，细节部分有所变化，比如使用了全新样式的电子换挡档把，进一步提升了车内的豪华感。新一代宝马 X1 全系标配 LED 大灯、前排运动型座椅、电子换挡档把、六色氛围灯以及驾驶员侧迎宾标志等。后排可前后移动 13 厘米，行李厢地板下额外提供 100 升储物空间，储物功能十分强大。

基本参数 (2022 年款旗舰版)	
上市时间	2022 年 7 月
级　别	紧凑型 SUV
车身结构	5 门 5 座 SUV
驱动方式	前置四驱
发动机	2.0T 192 马力 L4
变速箱	8 挡手自一体
长×宽×高(毫米)	4565×1821×1620
轴　距	2780 毫米
整备质量	1680 千克
最高车速	217 公里 / 时
0~100 公里 / 时加速	8.1 秒

第 3 章　运动型多用途车

宝马 X1（第三代车型）前侧方视角

宝马 X1（第三代车型）内饰

129

现代汽车鉴赏（家用汽车篇）

宝马 X4

宝马 X4（BMW X4）是德国宝马汽车公司在 2014 年推出的一款 SUV 型轿车，同年登陆中国市场，至今已发展至第二代车型。

在外观上，第二代宝马 X4 保留了轿跑 SUV 的造型设计。相比现款车型，前脸的肾形进气格栅更大，标配的 LED 大灯组也摒弃了"睁眼"设计风格。新车的"天使眼"造型更加犀利，前保险杠设计更加丰富，整体看起来更加运动。车尾部线条流畅，后滑的设计方式让车更具运动感。狭窄的尾灯也是一大设计亮点，点亮后的辨识度相当高。

基本参数 (2022 年款旗舰版)	
上市时间	2022 年 5 月
级　　别	中型 SUV
车身结构	5 门 5 座 SUV
驱动方式	前置四驱
发动机	3.0T 333 马力 L6
变速箱	8 挡手自一体
长×宽×高(毫米)	4762×1926×1632
轴　　距	2864 毫米
整备质量	1940 千克
最高车速	250 公里/时
0~100 公里/时加速	5.2 秒

内饰方面融合了运动性与科技性，配备 12 英寸液晶仪表盘和 10.25 英寸悬浮式中控显示屏。三向多功能方向盘和运动座椅也使用在该车上。配置部分，碰撞预警、自适应巡航和其他驾驶辅助等功能也都应有尽有。

宝马 X2

宝马 X2（BMW X2）是德国宝马汽车公司在 2017 年推出的一款 SUV 型轿车。

宝马 X2 基于宝马 UKL 前驱车平台打造，其设计灵感来源于拉力赛赛车。前脸依旧采用最具辨识度的宝马家族化设计方式，前保险杠随处可见的线条配合扁平化且狭长的大灯，层次相当分明。此外，双"U"形日行灯赋予了该车别样的神态。宝马 X2 尾部造型较为硬朗，狭长的尾灯造型内部采用了 LED 光源。该车还采用了双边共两出的排气设计方式，更突出了运动感。

基本参数 (2023 年款旗舰版)	
上市时间	2022 年 12 月
级别	紧凑型 SUV
车身结构	5 门 5 座 SUV
驱动方式	前置四驱
发动机	2.0T 178 马力 L4
变速箱	8 挡手自一体
长×宽×高（毫米）	4379×1824×1555
轴距	2670 毫米
整备质量	1635 千克
最高车速	220 公里/时
0~100 公里/时加速	7.4 秒

内饰方面，银色装饰面板搭配黑色为主色调的家族式设计风格，并采用充满激情的黄色装饰条进行点缀。车内标配 6.5 英寸中控屏，而高配车型还可选购 8.8 英寸中控屏，其提供 3D 导航、电话、娱乐、车辆信息以及互联网服务，并支持苹果 CarPlay 功能。安全配置方面，宝马 X2 配备了车道偏离警告、车道保持辅助和紧急避让辅助系统等，同时还具有抬头显示功能。

宝马 iX

宝马 iX（BMW iX）是德国宝马汽车公司在 2021 年推出的一款纯电动 SUV 型轿车。

宝马 iX 车身架构中混合使用了高强度钢、铝合金以及碳纤维等材料，有效地降低了整车质量。外观部分，车身整体采用原石切割设计方式，简约大气。前脸的中网格栅不再使用传统的敞开式，而是运用各种不规则的菱形元素来塑造新的

基本参数（2022 年款旗舰版）	
上市时间	2022 年 1 月
级　别	中大型 SUV
车身结构	5 门 5 座 SUV
驱动方式	双电机四驱
变速箱	电动车单速变速箱
长×宽×高（毫米）	4955×1967×1698
轴　距	3000 毫米
整备质量	2621 千克
最高车速	250 公里/时
0~100 公里/时加速	8.3 秒

宝马形象。中网格栅处还配置了雷达传感器，主要用于智能驾驶辅助系统，集实用与新颖于一体。灯光采用最新一代的激光大灯，在实际使用时，实现的是全新选择性光束矩阵功能，大大增强了视觉效果，而且不会出现过度照明的问题。

内饰则为当下流行的双联式大屏，12.3 英寸全液晶仪表盘和 14.9 英寸曲面联屏，并搭载 iDrive8.0 系统。而中控通道则罕见地采用了断开式设计方式，档把采用水晶材料，实体按键被进一步集成，车内看上去极为简洁、大气。

第 3 章 运动型多用途车

宝马 iX 前侧方视角

宝马 iX 内饰

现代汽车鉴赏（家用汽车篇）

本田 BR-V

本田 BR-V（Honda BR-V）是日本本田汽车公司在 2016 年推出的一款 SUV 型轿车，至今已发展至第二代车型。

作为换代车型，第二代 BR-V 采用了本田家族最新的设计方式，矩形样式的进气格栅内部辅以五条横纹填充，搭配本田经典的"羽翼"LED 大灯组，再加上全新设计样式的尾灯组、隐藏式排气布局以及金属行李架凸显出时尚气息。

基本参数 (2016 年款旗舰版)	
上市时间	2015 年 12 月
级别	小型 SUV
车身结构	5 门 5 座 SUV
驱动方式	前置前驱
发动机	1.5L 118 马力 L4
变速箱	6 挡手动
长×宽×高(毫米)	4490×1780×1651
轴距	2700 毫米
整备质量	1206 千克
最高车速	180 公里 / 时
0~100 公里 / 时加速	8.3 秒

车内配备 4.2 英寸数字仪表以及 7 英寸中控触摸屏，具有收音机、蓝牙音乐与电话等基础功能。BR-V 对座椅和扶手也进行了一定升级，大大提升了乘坐舒适性。七座布局以及实用性一直都是 BR-V 的显著特点，即使在换代车型上也是如此。作为一台紧凑级 SUV 轿车，BR-V 却提供有 2+3+2 的七座布局，虽然在乘坐空间无法与大尺寸的七座车相媲美，但满载 7 人也还是有着不错的表现。

本田 CR-V

基本参数 (2023 年款旗舰版)	
上市时间	2022 年 9 月
级　别	紧凑型 SUV
车身结构	5 门 5 座 SUV
驱动方式	前置四驱
发动机	1.5T 193 马力 L4
变速箱	CVT 无级变速
长×宽×高 (毫米)	4703×1866×1690
轴距	2700 毫米
整备质量	1704 千克
最高车速	188 公里/时
0~100 公里/时加速	8.1 秒

本田 CR-V（Honda CR-V）是日本本田汽车公司在 1995 年推出的一款小型 SUV 型轿车，至今已发展至第五代车型。CR-V 自 2004 年被引进国内，凭借自身的产品实力成功开拓了中国城市的 SUV 市场。

第五代 CR-V 前进气格栅依旧采用传统设计方式，中网上贯穿式的镀铬装饰条与两侧 LED 大灯融为一体，而前包围采用了更加犀利的獠牙式造型，并搭配 LED 日行灯，整个车头的视觉感官非常霸气。车尾部分新车使用"L"形的 LED 尾灯，中间的镀铬装饰条连接两侧尾灯，与车头相互呼应。

CR-V 整体内饰风格以黑色调为主。车内使用全液晶仪表盘，转速显示改为条形显示，而非传统圆形指针式造型。此外，该车还采用了三辐式多功能方向盘，中控搭配内嵌式的多媒体显示屏，整体效果偏家用风格。

本田 WR-V

本田 WR-V（Honda WR-V）是日本本田汽车公司在 2017 年推出的一款小型 SUV 型轿车，至今已发展至第二代车型。

第二代 WR-V 采用较为保守的点阵式格栅设计方式，前脸在大量镀铬元素的点缀下多了一丝精致的味道。与格栅紧密相连的大灯组造型犀利，内部光源采用分层布局，层次感较为突出。贯穿式散热口下方配有银色护板。黑色悬浮式车顶、黑色外后视镜和黑色轮眉等设计强化了车身的运动属性。两侧尾灯内部光源点亮后呈"7"形，中间悬挂本田品牌 LOGO，底部同样装配了银色护板，以与车头相互呼应。

WR-V 继承了本田品牌偏向于实用风格的设计特点，内部搭载了三幅式多功能方向盘、小尺寸内嵌式中控屏和机械档杆等。车内后排座位可以放倒，能够营造出一定的空间。

基本参数 (2017 年款旗舰版）	
上市时间	2017 年 6 月
级别	小型 SUV
车身结构	5 门 5 座 SUV
驱动方式	前置前驱
发动机	1.2L 118 马力 L4
变速箱	5 挡手动
长×宽×高（毫米）	4000×1695×1600
轴距	2550 毫米
整备质量	1130 千克
最高车速	180 公里 / 时
0~100 公里 / 时加速	8.1 秒

比亚迪唐

比亚迪唐（BYD Tang）是中国比亚迪汽车公司在2015年推出的一款SUV型轿车，是比亚迪"王朝系列"汽车系列中的第二款，现已发展至第二代车型。

比亚迪唐在车头方面采用了全新的设计方式，大面积的镀铬、黑色蜂窝状的进气格栅、前保险杠上的"大嘴"式进气口、LED日间行车灯以及全新造型的五辐轮毂让整个前脸显得运动感十足。两尾灯之间还加入了一条镀铬装饰。此外，新车后保险杠中集成了极具性能气息的双边单出式四边形排气管。

内饰方面，中控台换上了大面积木纹饰板，增强了豪华感。车内采用液晶数字仪表盘，中控台上的电子显示屏集成了指北针、PM2.5显示等功能。此外，比亚迪唐还配备了绿静空调系统，可以很好地净化车内的空气。

基本参数 (2021年款旗舰版)	
上市时间	2020年8月
级 别	中型SUV
车身结构	5门7座SUV
驱动方式	前置前驱
发动机	2.0T 192马力 L4
变速箱	6挡手自一体
长×宽×高(毫米)	4870×1940×1720
轴 距	2820毫米
整备质量	1895千克
最高车速	205公里/时
0~100公里/时加速	8.2秒

别克昂科拉

别克昂科拉（Buick Encore）是美国别克汽车公司在 2012 年推出的一款 SUV 型轿车，基于通用小型跨界车平台研发打造，具备 SUV 型轿车罕有的轿跑风格及较好的动力性能，至今已发展至第二代车型。

第二代昂科拉的下包围搭配"别克"标志，让车辆的车头前脸显得非常圆润，两侧修长的前大灯造型，内部灯组错落有致，点亮时炯炯有神。双色车顶和选装轮毂镶嵌件的加入也让整台车显得更具活力。

基本参数 (2021 年款旗舰版)	
上市时间	2021 年 2 月
级别	小型 SUV
车身结构	5 门 5 座 SUV
驱动方式	前置前驱
发动机	1.3T 165 马力 L3
变速箱	CVT 无级变速
长×宽×高（毫米）	4295×1798×1616
轴距	2570 毫米
整备质量	1305 千克
最高车速	198 公里/时
0～100 公里/时加速	8.9 秒

车内采用了环抱式中控台，大量的弧线和镀铬装饰营造了内饰的时尚感，提升了内饰的整体档次。平底方向盘、8 英寸悬浮式中控屏等元素也更符合时下年轻消费者的审美观。全系配备 ESC 车身电子稳定系统、ROM 翻滚感应系统、HSA 坡道辅助系统、CBC 弯道制动控制、TPMS 智能胎压监测等一系列电子安全系统。

第 3 章　运动型多用途车

别克昂科拉（第二代车型）前侧方视角

别克昂科拉（第二代车型）内饰

标致 2008

标致 2008（Peugeot 2008）是法国标致汽车公司在 2013 年推出的一款 SUV 型轿车，至今已发展至第二代车型。

标致 2008 的外观设计借鉴了标致 208 五门两厢轿车的设计元素，采用极具运动风格的前脸造型，车身的高度相比标致 208 有了进一步提升，再加上车身四周的越野套件，营造出浓郁的跨界风格。黑色的 C 柱形成了悬浮式车顶，侧窗上扬的线条也让整车呈现出俯冲的姿态。尾灯与黑色的尾部装饰框采用贯穿式设计，"狮爪"式 LED 尾灯也是标致品牌最有辨识度的标志。

内饰方面，从中控台顶部延续至车门上沿均采用软性搪塑工艺，仿皮革的纹理配上黄色的缝线看起来很有档次，下方的饰板则具有"碳纤维"的外观，为车内增添了更多运动的气息。标致 2008 拥有全景天幕玻璃顶与超大视野的前挡风玻璃，透视感极佳；全景天幕玻璃顶采用无分段结构设计方式，几乎覆盖了整个车顶，开阔感极强。

基本参数（2022 年款旗舰版）	
上市时间	2021 年 10 月
级　别	小型 SUV
车身结构	5 门 5 座 SUV
驱动方式	前置前驱
发动机	1.2T 136 马力 L3
变速箱	6 挡湿式双离合
长×宽×高(毫米)	4312×1785×1545
轴　距	2612 毫米
整备质量	1277 千克
最高车速	195 公里/时
0~100 公里/时加速	7.8 秒

标致 3008

标致 3008（Peugeot 3008）是法国标致汽车公司在 2008 年推出的一款 SUV 型轿车，至今已发展至第二代。中国在 2013 年将其引进国内，由东风标致汽车公司负责生产和销售。

国产版的标致 3008 车身设计更加符合中国人的审美观，犀利动感的线条，较为大气的外观，加上在轴距不变的情况下，加长加宽加高的车身尺寸，整车看上去更中庸平和。国产版本的中控台布局较海外车型没有发生什么较大的变化，在一些细节处，比如方向盘，中控台的按键等，东风标致还对其进行了一番处理，让车内氛围显得更舒适豪华。全系标配车身稳定系统、HAC 上坡辅助系统、电子手刹、中配及高配车型还配备有定速巡航、自动双区空调、前排座椅加热、六安全气囊等配置。

基本参数 (2019 年款旗舰版)	
上市时间	2018 年 10 月
级别	紧凑型 SUV
车身结构	5 门 5 座 SUV
驱动方式	前置前驱
发动机	1.6T 167 马力 L4
变速箱	6 挡手自一体
长×宽×高(毫米)	4435×1840×1652
轴距	2613 毫米
整备质量	1540 千克
最高车速	205 公里/时
0~100 公里/时加速	9.7 秒

现代汽车鉴赏（家用汽车篇）

标致 4008

标致 4008（Peugeot 4008）是法国标致汽车公司在 2011 年推出的一款 SUV 型轿车。

标致 4008 前脸造型采用了点阵式进气格栅，十分有辨识度。再搭配前卫个性的前车灯，符合年轻消费者的审美观。该车配备了 LED 日间行车灯、大灯高度调节、自动开闭、延时关闭等。尾灯呈现出清秀的设计风格，再加上造型独特的排气管，利落感跃然眼前。

基本参数 (2022 年款旗舰版)	
上市时间	2022 年 6 月
级别	紧凑型 SUV
车身结构	5 门 5 座 SUV
驱动方式	前置前驱
发动机	1.8T 211 马力 L4
变速箱	8 挡手自一体
长×宽×高（毫米）	4510×1850×1628
轴距	2730 毫米
整备质量	1503 千克
最高车速	220 公里 / 时
0~100 公里 / 时加速	8.4 秒

内饰部分，仪表盘设计可圈可点，配合 10 英寸的触控式液晶中控屏，时尚气息浓厚。车内采用了真皮座椅，具有副座椅电动调节、座椅电动调节、座椅比例放倒等功能，整体乘坐感受柔软舒适。

配置方面，该车配备了疲劳提醒、刹车防抱死（ABS）、刹车辅助（EBA/BAS 等）、制动力分配（EBD）主驾驶安全气囊、副驾驶位安全气囊、侧安全气帘、前排侧安全气囊等安全配置。

标致 5008

标致 5008（Peugeot 5008）是法国标致汽车公司在 2009 年推出的一款 SUV 型轿车，至今已发展至第二代车型。

标致 5008 车身轮廓设计借鉴了 TGV 法国高速列车设计经验，大角度向后倾斜的前挡风玻璃的面积达 1.7 平方米，与面积为 1.69 平方米的全景天窗连为一体，获得开阔的视野和不俗的空间感。

基本参数 (2023 年款旗舰版)	
上市时间	2022 年 11 月
级 别	中型 SUV
车身结构	5 门 7 座 SUV
驱动方式	前置前驱
发动机	1.8T 211 马力 L4
变速箱	8 挡手自一体
长×宽×高(毫米)	4670×1855×1655
轴 距	2840 毫米
整备质量	1613 千克
最高车速	220 公里/时
0~100 公里/时加速	10.1 秒

标致 5008 还拥有大量高科技配置，例如 HUD 抬头显示、车距监视和警示系统、雪地牵引力控制系统。此外，还配有六个安全气囊、导航系统、ESP 车身稳定控制系统和电控自动手刹。后排乘客在长途旅行时则可享用多媒体影音娱乐系统。

大众途观

大众途观（Volkswagen Tiguan）是德国大众汽车公司在2007年推出的一款紧凑型SUV型轿车，至今已发展至第二代。中国在2009年引进该车型，由上汽大众汽车公司负责生产和销售。

基本参数(2023年款旗舰版)	
上市时间	2022年8月
级别	中型SUV
车身结构	5门5座SUV
驱动方式	前置前驱
发动机	2.0T 186马力 L4
变速箱	7挡湿式双离合
长×宽×高(毫米)	4735×1859×1677
轴距	2791毫米
整备质量	1700千克
最高车速	200公里/时
0~100公里/时加速	8.8秒

外观方面，途观采用了大众最新的家族设计方式，"泪眼"式前大灯惹人喜爱，"U"字形的前脸造型是大众品牌的精髓设计，在途观上表现得也十分出色。尾灯与前大灯相互辉映，表现出前后统一的风格。其余配置上，大尺寸轮胎格外醒目，保证了越野性能与公路性能的完美结合。

途观全系均采用稳重的黑色与温馨的米色混搭方式，全新样式的多功能方向盘，搭载了尺寸更大的悬浮式中控屏，其中控控制区域的实体物理按键有所减少，让车内看上去更加简洁而富有科技感。车内空间充足，加长的轴距获得了良好的腿部空间。

第 3 章　运动型多用途车

大众途观（第二代车型）前侧方视角

大众途观（第二代车型）内饰

145

大众途昂

大众途昂（Volkswagen Teramont）是德国大众汽车公司针对北美和中国市场研发的一款中大型 SUV 型轿车，在中国主要由上汽大众汽车公司负责生产和销售。

途昂整体延续了大众的家族式设计方式，横贯式发光前格栅与两侧全 LED 矩阵式前大灯相映衬，贯穿式全 LED 智能尾灯及发光 LOGO，同时装备了 21 寸硬派铝合金轮毂。内饰方面，采用全数字液晶仪表搭

基本参数 (2023 年款旗舰版)	
上市时间	2022 年 9 月
级别	中大型 SUV
车身结构	5 门 7 座 SUV
驱动方式	前置四驱
发动机	2.5T 299 马力 V6
变速箱	7 挡湿式双离合
长×宽×高 (毫米)	5052×1989×1773
轴距	2980 毫米
整备质量	2200 千克
最高车速	200 公里 / 时
0~100 公里 / 时加速	7.2 秒

配悬浮式中控屏幕，辅以环境氛围灯豪华套装、星空环绕式透光饰条，营造出立体悬浮科技座舱氛围；同时配合哈曼卡顿高级音响系统，营造出独一无二的视听盛宴。

途昂配备全尺寸 7 人座空间，更有超大后备箱空间，当把第二排和第三排座椅翻倒，可获得 2415 升的超大空间。

第 3 章　运动型多用途车

大众途昂后侧方视角

大众途昂内饰

大众途岳

大众途岳（Volkswagen Tharu）是中国上汽大众汽车公司在2018年推出的一款SUV型轿车。

大众途岳基于MQB平台打造，外观运用岩石切割设计理念，脊背式机盖上隆起的筋线力量感十足，宽体双U形全LED大灯向上扬起，格栅条延伸至大灯处。内饰采用横贯式设计方式，运用IMD材质饰板提升档次，大面积的饰板将仪表盘、显示屏和出风口包裹其中，形成一体式设计。空间方面，前后排乘客坐姿空间高度分别达到1013毫米和975毫米；后备箱标准容积为455升后备箱空间，后排座椅可4/6翻折，整体放倒后可扩展至1543升。

基本参数（2022年款旗舰版）	
上市时间	2022年3月
级　别	紧凑型SUV
车身结构	5门5座SUV
驱动方式	前置四驱
发动机	2.0T 186马力 L4
变速箱	7挡湿式双离合
长×宽×高(毫米)	4453×1841×1632
轴　距	2680毫米
整备质量	1625千克
最高车速	200公里/时
0~100公里/时加速	7.8秒

丰田 C-HR

丰田 C-HR（Toyota C-HR）是日本丰田汽车公司在 2016 年推出的一款小型 SUV 型轿车，在全球主要市场都有销售，中国在 2018 年引进该车型，并由广汽丰田汽车公司负责生产和销售。

在被动安全部分，C-HR 采用的是 TNGA 架构下的 GOA 车身，这个设计理念是为了更高效地吸收冲击能量，全面提高车身的稳定性。它可以在遭遇外部冲击的时候，通过溃缩吸能的方式来保护乘员舱，使得车上人员不受影响。与此同时，C-HR 全系标配 10 个安全气囊，可以在座舱内部形成立体式的安全防护系统。

在主动安全方面，C-HR 也处于同级领先地位。它搭载了丰田智行安全（丰田规避碰撞辅助套装）系统。这套系统由 PCS 预碰撞安全系统、LDA 车道偏离警示系统、AHB 自动调节远光灯系统和 DRCC 动态雷达巡航控制系统等模块组成，可以在行车时自动地侦测前方路况，并对驾驶员进行提醒，减少风险的发生。TPWS 胎压监测可以让驾驶员时刻了解车辆轮胎状况。

基本参数 (2022 年款旗舰版)	
上市时间	2022 年 7 月
级　别	小型 SUV
车身结构	5 门 5 座 SUV
驱动方式	前置前驱
发动机	2.0L 146 马力 L4
变速箱	E-CVT 无级变速
长×宽×高(毫米)	4390×1795×1565
轴　距	2640 毫米
整备质量	1570 千克
最高车速	175 公里/时
0~100 公里/时加速	7.3 秒

雪佛兰科帕奇

雪佛兰科帕奇（Chevrolet Captiva）是美国雪佛兰汽车公司在 2006 年推出的一款 SUV 型轿车，至今已发展至第二代。

第二代科帕奇运用动力几何学设计的车头显得动感十足，配备灵动式透射前大灯，再加上简洁流畅的高腰线和充满速度感的车身线条，将卓尔不群的阳刚形象与现代都市的动感气息和谐相融。车尾部采用跑车式设计方式，将双排气尾管嵌入运动型后保险杠护板，配合造型独特的高位尾灯，大气饱满中透出一股俊朗气息。中控区域的 LED 显示屏经过升级以后，拥有了导航、手机互联、APP 应用、倒车影像等多种功能，操作方便快捷。

与同级 SUV 相比，科帕奇拥有宽大、灵活变化的七人座选装配置。第二、三排座椅具有一触式折叠功能，以及第二排 4/6 分割折叠座椅功能，能够实现 6 种不同承载空间的灵活组合。

基本参数 (2017 年款旗舰版)	
上市时间	2016 年 10 月
级别	中型 SUV
车身结构	5 门 7 座 SUV
驱动方式	前置四驱
发动机	2.4L 167 马力 L4
变速箱	6 挡手自一体
长×宽×高(毫米)	4690×1868×1756
轴距	2707 毫米
整备质量	1845 千克
最高车速	175 公里/时
0~100 公里/时加速	11.8 秒

第 3 章　运动型多用途车

雪佛兰科帕奇（第二代车型）前侧方视角

雪佛兰科帕奇（第二代车型）内饰

福特翼虎

福特翼虎（Ford Kuga）是美国福特汽车公司在 2008 年推出的一款 SUV 型轿车，至今已发展至第三代。

福特翼虎传承了福特 SUV 家族超过了半个世纪的研发、设计、制造、调校的深厚积淀，第三代车型在外观及内饰方面都进行了一系列升级，外形整体更加运动时尚。入门级车型对前进气格栅、轮圈和前后保险杠采用了磁力灰喷涂工艺。中配车型在此基础上更换了全新的进气格栅，并采用镀铬边框饰条。中控新增 10 英寸液晶大屏，搭配全新互联网汽车智能系统，可与手机紧密配合，结合互联网生态资源，实现远程启动、在线音乐、车队地图、加油支付、美食智能推荐等多种强大实用的功能，让车辆从出行工具向在线生活平台进化。经过优化的后排空间，改善了后排乘客的膝部空间，让乘坐舒适性得到进一步提升。

基本参数 (2019 年款旗舰版)	
上市时间	2019 年 7 月
级　别	紧凑型 SUV
车身结构	5 门 5 座 SUV
驱动方式	前置四驱
发动机	2.0T 237 马力 L4
变速箱	6 挡手自一体
长×宽×高(毫米)	4524×1838×1701
轴距	2690 毫米
整备质量	1740 千克
最高车速	216 公里/时
0~100 公里/时加速	7.9 秒

第 3 章　运动型多用途车

福特翼虎（第三代车型）前侧方视角

福特翼虎（第三代车型）内饰

现代汽车鉴赏（家用汽车篇）

福特锐际

福特锐际（Ford Escape）是中国长安福特汽车公司基于海外版第四代福特翼虎打造，在 2019 年推出的一款 SUV 型轿车。

福特锐际采用了高辨识度的八边形星穹式概念格栅，配合 3D 式 LED 大灯，采用分层递进式模组，呈现出珠宝切面效果。从侧面看，该车采用了低倾 A 柱与溜背式车身设计方式，实现了更好的空气动力学性能。多层次的雕塑型面塑造出高级立体车尾，融入水滴形态比例的尾部设计技术。提升了后部乘坐、载物的空间效率，还增强了整体外观的力量感。

内饰方面，环抱立体式中控设置同时兼顾了主副驾乘员的实际操作便利性；配备的 12.3 英寸液晶仪表盘，用户可根据自身需求在自定义显示内容；内饰大面积采用高级环保软性材质，雅棕、素灰、玄黑三种不同风格内饰配色，可以满足更多个性化需求。车门内饰板、中央扶手箱和中控台等多处使用精致双缝线彰显出极强的质感。

基本参数 (2023 年款旗舰版)	
上市时间	2022 年 12 月
级　　别	紧凑型 SUV
车身结构	5 门 5 座 SUV
驱动方式	前置四驱
发动机	2.0T 248 马力 L4
变速箱	8 挡手自一体
长×宽×高(毫米)	4585×1882×1688
轴　　距	2710 毫米
整备质量	1685 千克
最高车速	219 公里 / 时
0~100 公里 / 时加速	7.5 秒

154

福特锐界

福特锐界（Ford Edge）是美国福特汽车公司在2007年推出的一款SUV型轿车，至今已发展至第二代车型。中国在2015年将其引进，由长安福特汽车公司生产并销售。

第二代福特锐界的外观具有典型的美式肌肉车风格。前脸的大尺寸熏黑进气格栅设计，配合线条凸起的舱盖，非常具有攻击性。车身侧面线条笔直犀利，车尾配合贯穿式银色镀铬饰条和双边双出，非常动感。

基本参数(2022年款旗舰版)	
上市时间	2022年6月
级 别	中型SUV
车身结构	5门7座SUV
驱动方式	前置四驱
发动机	2.0T 245马力 L4
变速箱	8挡自动
长×宽×高(毫米)	4878×1925×1770
轴 距	2850毫米
整备质量	2029千克
最高车速	192公里/时
0~100公里/时加速	8.1秒

内饰方面，福特锐界采用了最流行的双屏设计方式，巨大的屏幕为车厢增添了十足的科技感。此外，在银色镀铬饰条的加持下，中控台延伸了该车的横向视觉体验。车内拥有宽敞的乘坐空间。7座车型的后排虽然不适合长途乘坐，但短途出行绰绰有余，整车实用性很高。

福特彪马

福特彪马（Ford Puma）是美国福特汽车公司在2019年推出的一款SUV型轿车。

福特彪马延续了新一代福特家族化的设计方式，将大灯的位置进行了上移，由此打破了与进气格栅之间的左右呼应关系。车顶、饰条、侧裙装饰、后视镜盖和车顶扰流板均为亮黑色。质感出色的尾灯，加上尾翼，以及透亮的蓝色车漆，使该车营造出了一种年轻运动的氛围。

基本参数 (2019年款旗舰版)	
上市时间	2019年10月
级别	小型SUV
车身结构	5门5座SUV
驱动方式	前置前驱
发动机	1.0L 200马力 L3
变速箱	6挡手动
长×宽×高(毫米)	4186×1805×1537
轴距	2588毫米
整备质量	1205千克
最高车速	178公里/时
0~100公里/时加速	6.8秒

车内配备12.3英寸数字仪表盘和8.0英寸信息娱乐触摸屏，其他内部功能包括无线智能手机充电、加热挡风玻璃、前后驻车传感器、雨量感应雨刷等。福特彪马在后排打开的情况下后备箱容积为456升，另外在后备箱下方也设计有丰富的储物格。

配置方面，该车配备了诸如自适应巡航、自动紧急制动、行人检测和车道保持辅助等主动安全系统。

福特领界

福特领界（Ford Territory）是中国江铃福特汽车公司在 2018 年推出的一款 SUV 型轿车，至今已发展至第二代。

基本参数 (2021 年款旗舰版)	
上市时间	2021 年 4 月
级　别	紧凑型 SUV
车身结构	5 门 5 座 SUV
驱动方式	前置前驱
发动机	1.5T 140 马力 L4
变速箱	CVT 无级变速
长×宽×高(毫米)	4580×1936×1674
轴　距	2716 毫米
整备质量	1620 千克
最高车速	178 公里 / 时
0~100 公里 / 时加速	7.1 秒

福特领界是一款面向现代化家庭的多功能中型 SUV 轿车，目标定位于注重多元化娱乐方式的消费人群，基于对城市家庭生活方式及需要的把握而设计。第二代福特领界采用了新的设计思路，最为显著的变化是中网由点阵蜂窝式设计取代了横杠式设计，并对车身折角处进行了圆润处理；两侧的 LED 大灯采用反射碗方案，并使用了融合设计方式，将镀铬与中网紧密结合。车侧采用悬浮式车顶，配以黑色的 B 柱、D 柱以及 C 柱。腰线从车头向车尾上挑延伸，意在强调车辆的运动能力。该车的内饰空间也兼顾了家庭实用性的需求，方向盘、门板及中控台上方等经常触碰的区域均采用软质材料；车内饰板均采用先进工艺处理，如钢琴烤漆和木质纹理的饰板。储物空间支持日常出行的生活用品收纳。

菲亚特 500X

菲亚特 500X（Fiat 500X）是意大利菲亚特汽车公司在 2014 年推出的一款小型 SUV 型轿车。

菲亚特 500X 延续了菲亚特 500 家族的造型传统，日间行车灯和 LED 后灯组是该车的标准配置。短小的车头高高隆起，和倾斜的挡风玻璃构成车头圆润的外观。车顶曲线在过渡到 C 柱的时候就开始向下倾斜并和车尾连为一体。内饰提供了 7 种不同的饰品，仪表盘中间为 3.5 英寸 TFT 屏，读取信息会更加清晰，新式的方向盘也更加便于驾驶者抓握。

安全配置方面，菲亚特 500X 标配了车道偏离警告系统，可选的配置包括盲点监测，ACC 定速巡航系统等。此外，车辆还配有交通标志识别系统，该车所搭载的自动刹车功能还具备三种灵敏度可调节模式。

基本参数 (2014 年款旗舰版)	
上市时间	2014 年
级别	小型 SUV
车身结构	5 门 5 座 SUV
驱动方式	前置前驱
发动机	2.0L 138 马力 L4
变速箱	9 挡自动
长×宽×高(毫米)	4248×1786×1600
轴距	2570 毫米
整备质量	1320 千克
最高车速	180 公里/时
0~100 公里/时加速	7.3 秒

第 3 章　运动型多用途车

菲亚特 500X 前侧方视角

菲亚特 500X 内饰

丰田 RAV4

丰田 RAV4（Toyota RAV4）是日本丰田汽车公司在 1994 年推出的一款 SUV 型轿车，至今已发展至第五代。

第五代丰田 RAV4 基于 TNGA 架构下打造，整体外观都呈现出棱角分明的硬派设计风格，中网格栅采用蜂窝式设计方式，搭配新的 LED 大灯和 LED 雾灯，视觉感强悍。新车配备 18 英寸大轮毂，搭配黑色防护轮拱和车门下护板，流露出浓浓的越野味。尾部造型也很粗犷，采用独特的后保险杠设计方式，双圆形镀铬排气管，并新增脚踢感应功能。座椅使用真皮包裹，营造出豪华质感。双前座以电动调节，具有加热功能，驾驶座更有腰部支撑和两个记忆功能，座椅可迅速调节至预设位置。车舱配备 7 英寸数码仪表和 9 英寸中控触屏。液晶仪表可以显示各种行车信息，整体显示效果非常出色。

基本参数（2022 年款旗舰版）	
上市时间	2022 年 5 月
级　别	紧凑型 SUV
车身结构	5 门 5 座 SUV
驱动方式	前置四驱
发动机	2.0L 171 马力 L4
变速箱	CVT 无级变速
长 × 宽 × 高（毫米）	4625×1865×1680
轴　距	2690 毫米
整备质量	1625 千克
最高车速	180 公里 / 时
0~100 公里 / 时加速	7.1 秒

第 3 章　运动型多用途车

丰田 RAV4（第五代车型）前侧方视角

丰田 RAV4（第五代车型）内饰

丰田威兰达

丰田威兰达（Toyota Wildlander）是中国广汽丰田汽车公司在 2020 年推出的一款 SUV 型轿车。

丰田威兰达基于 TNGA-K 平台打造，外观上保留大量的切削式多边形造型，在前脸设计上融入优雅精致的造型元素，上部格栅和两边纤长犀利的大灯融为一体，体现横向的拉伸感；下部格栅融入纺锥形格栅设计元素，配合两侧的雾灯格栅，展现出威兰达亦刚亦柔的外观设计理念。

基本参数 (2022 年款旗舰版)	
上市时间	2022 年 7 月
级　　别	紧凑型 SUV
车身结构	5 门 5 座 SUV
驱动方式	前置四驱
发动机	2.5L 178 马力 L4
变速箱	E-CVT 无级变速
长×宽×高(毫米)	4665×1855×1680
轴　　距	2690 毫米
整备质量	1710 千克
最高车速	180 公里/时
0~100 公里/时加速	7.9 秒

内饰方面，中控台采用大量的横向多边形设计方式，由上到下，层次感极强；搭载 10.1 英寸悬浮式薄型中控屏，空调面板设计向外突出，操作便利；配备脚踢式感应电子尾门，具有五种角度开启和记忆功能，行李箱底部采用"双层双面可调盖板"设计方式，防水防滑。

第 3 章　运动型多用途车

丰田锋兰达

丰田锋兰达（Toyota Frontlander）是由中国广汽丰田汽车公司在 2021 年推出的一款 SUV 型轿车。

丰田锋兰达前脸配备家族化样式的进气格栅，具有较强的辨识度。两侧配备了由 LED 光源组成的头灯组，点亮后有着极佳的视觉效果。该车的尾部同样也配备了由 LED 光源加持的分体式尾灯组，与前脸相互呼应，视觉上拉伸了整体的宽度。侧面腰线更加犀利，从车门处逐渐向上延伸，从而让车看起来十分修长。车内设计以简约、典雅为主要特征，对称性的中控台中间配备了大尺寸的悬浮式液晶显示屏，而全液晶仪表盘、三幅式多功能方向盘自然也不会缺席。

基本参数 (2022 年款旗舰版)	
上市时间	2022 年 1 月
级　别	紧凑型 SUV
车身结构	5 门 5 座 SUV
驱动方式	前置前驱
发动机	2.0L 171 马力 L4
变速箱	CVT 无级变速
长 × 宽 × 高 (毫米)	4485×1825×1620
轴　距	2640 毫米
整备质量	1450 千克
最高车速	180 公里 / 时
0~100 公里 / 时加速	7.9 秒

现代汽车鉴赏（家用汽车篇）

丰田汉兰达

丰田汉兰达（Toyota Highlander）是日本丰田汽车公司在2000年推出的一款SUV型轿车，2007年在中国以进口方式上市，2009年由广汽丰田汽车公司负责生产和销售。

汉兰达外观时尚尊贵，典雅大气。三角形的前大灯，呈六边形棱角设计的前栅格，一体化的丰田牛头标、粗厚的镀铬装饰，镀铬件镶嵌的雾灯，微微前倾的车头造型，使得整个前脸极具时尚、立体感。从车头贯穿至车尾健硕浑厚的腰线，突起的翼子板，黑色的裙边以及镀铬的门槛，让车身显得敦厚修长而又富有动感。LED高位刹车灯，高位扰流板，红白色相间的三阶梯式后组合大灯，大范围的镀络饰件，提升了整车的时尚、尊贵感。

内饰整体设计素雅大方，中控系统按键较多，操作方便。车内空间宽敞充裕，还有许多精心设置的储物空间，储物能力较好。

基本参数 (2022年款旗舰版)	
上市时间	2022年8月
级　别	中型SUV
车身结构	5门7座SUV
驱动方式	前置四驱
发动机	2.0T 248马力 L4
变速箱	8挡手自一体
长×宽×高(毫米)	4965×1930×1750
轴　距	2850毫米
整备质量	2065千克
最高车速	180公里/时
0~100公里/时加速	7.9秒

第 3 章　运动型多用途车

丰田汉兰达前侧方视角

丰田汉兰达内饰

165

捷豹 E-Pace

捷豹 E-Pace（Jaguar E-Pace）是英国捷豹汽车公司在 2017 年推出的一款 SUV 型轿车。

捷豹 E-Pace 秉承捷豹一贯的设计风格，前脸蜂窝状多边形格栅足够抢眼，并采用全新的大灯样式和更加运动的前包围等设计元素，使该车整体看上去更加运动。侧面造型依旧紧凑、时尚，略带溜背式的风格正适合年轻消费者的口味，而其分段式腰线、熏黑五辐式轮圈都让该车充满活力。尾灯组同样进行了熏黑处理，点亮后具有较的高辨识度。

内饰采用英国皇家设计风格，优雅格调十足。真皮座椅，真皮内饰，大气典雅。储物功能强大，可自由调节的内饰氛围灯，以驾驶员为核心的驾驶舱，让驾驶成为享受。除了设计风格的帅气之外，捷豹 E-PACE 全铝车身架构，包括铝合金发动机和底盘悬架，经过特殊调校，使捷豹 E-PACE 呈现出来身手敏捷又不失精致的公路行驶状态表现。

基本参数 (2018 年款旗舰版)	
上市时间	2019 年 7 月
级别	紧凑型 SUV
车身结构	5 门 5 座 SUV
驱动方式	前置四驱
发动机	2.0T 249 马力 L4
变速箱	9 挡手自一体
长 × 宽 × 高 (毫米)	4411×1900×1649
轴距	2681 毫米
整备质量	1890 千克
最高车速	225 公里 / 时
0~100 公里 / 时加速	7.9 秒

第 3 章　运动型多用途车

捷豹 E-Pace 侧前方视角

捷豹 E-Pace 内饰

吉普大指挥官

吉普大指挥官（Jeep Grand Commander）是美国吉普汽车公司在 2018 年专门在中国市场推出的一款中型 SUV 型轿车，在国内主要由广汽菲克汽车公司负责生产和销售。

大指挥官采用典型家族式设计方式——七孔前进气格栅，方正的车头和车身带来了气派而厚重的视觉效果。灯光采用的是 LED 光源，具集有成自动头灯、转向辅助灯、自适应远近光功能。车侧线条十分硬朗，配备全景天窗，平直的车顶线条也一直延伸至车身后部。

基本参数 (2022 年款旗舰版)	
上市时间	2021 年 8 月
级　别	中型 SUV
车身结构	5 门 7 座 SUV
驱动方式	前置四驱
发动机	2.0T 265 马力 L4
变速箱	9 挡手自一体
长 × 宽 × 高 (毫米)	4895×1896×1754
轴　距	2800 毫米
整备质量	1995 千克
最高车速	195 公里 / 时
0~100 公里 / 时加速	7.6 秒

内饰部分，平直的走线搭配细腻的皮革，再加上些许镀铬材质的点缀，整体烘托出豪华氛围感。前排座椅还具有座椅加热和座椅通风功能，可调节腰部支撑，确保了长途驾驶的舒适度。安全性方面，大指挥官使用 76％ 的高强度钢制车身结构，搭配近 80 种主动和被动安全配置，获得了 C-NCAP 碰撞测试的五星级性能。

第 3 章　运动型多用途车

凯迪拉克 XT4

凯迪拉克 XT4（Cadillac XT4）是美国凯迪拉克汽车公司在 2018 年推出的一款 SUV 型轿车，同年在中国上市，由上汽通用凯迪拉克汽车公司负责生产和销售。

凯迪拉克 XT4 前脸采用家族式的盾牌形状中网设计方式，加以镀铬装饰点缀，辨识度极高，两边大灯组犀利有神，下面设计为雾灯组合，前脸整体协调，车身侧面线条优雅有力，后尾部简洁干练，双边单出的排气管，整体外观非常符合现在年轻人的审美要求。

基本参数 (2023 年款旗舰版)	
上市时间	2022 年 12 月
级　别	紧凑型 SUV
车身结构	5 门 5 座 SUV
驱动方式	前置四驱
发动机	2.0T 237 马力 L4
变速箱	9 挡手自一体
长 × 宽 × 高 (毫米)	4600×1881×1634
轴　距	2779 毫米
整备质量	1800 千克
最高车速	210 公里 / 时
0~100 公里 / 时加速	7.9 秒

内饰方面，凯迪拉克 XT4 采用了凯迪拉克家族的环抱式设计方式，用料采用了大量的皮质包覆。而其中控区域也保持着较高的设计感，中央通道和车门饰板等处均使用了碳纤维材料，极大地提升了内饰的运动感。

凯迪拉克 XT5

凯迪拉克 XT5（Cadillac XT5）是美国凯迪拉克汽车公司在 2016 年推出的一款 SUV 型轿车，同年引进中国市场，由上汽通用凯迪拉克汽车公司负责生产和销售。

XT5 延续了凯迪拉克"艺术与科技"的设计理念，通过短车头长车身的设计带来更宽适的车内空间表现。并将跑车化的动感流线设计和大倾角挡风玻璃融入其中。XT5 车身高长比值达到了同级最低的 0.35，在运动的外形下具有更好的风阻和降噪表现。

基本参数 (2023 年款旗舰版)	
上市时间	2022 年 12 月
级　别	中型 SUV
车身结构	5 门 5 座 SUV
驱动方式	前置四驱
发动机	2.0T 237 马力 L4
变速箱	9 挡手自一体
长 × 宽 × 高 (毫米)	4813×1903×1686
轴　距	2857 毫米
整备质量	1960 千克
最高车速	210 公里 / 时
0~100 公里 / 时加速	8.3 秒

XT5 的内饰设计是典型的美式风格，中控部分采用塑料、皮质材质，全系标配了 8 英寸的中控屏幕，前排还配备有双温区自动空调控制系统，可自由调试最舒适的空间温度。

XT5 配备智能双离合适时四驱系统，通过可分离分动器以及双离合后驱单元两项技术，将实现左右后轮扭矩 0-100% 的完全分配，结合舒适 / 运动 / 野外（十路）/ 全驱四种驾驶模式，以适应各种路况。

第 3 章　运动型多用途车

凯迪拉克 XT5 侧方视角

凯迪拉克 XT5 内饰

凯迪拉克 XT6

凯迪拉克 XT6（Cadillac XT6）是美国凯迪拉克汽车公司在 2019 年推出的一款 SUV 型轿车。

外观方面，凯迪拉克 XT6 依旧采用家族式的造型设计方式，其高挺饱满的车头姿态搭配家族化盾牌点阵镀铬格栅造型，内部黑化处理的细密的点阵式中网，看上去十分具有进攻性。两侧标志性的"泪眼"LED 头灯组点亮后，融合了豪华与商务特性，视觉效果比较独特。

基本参数 (2022 年款旗舰版)	
上市时间	2022 年 9 月
级　　别	中大型 SUV
车身结构	5 门 7 座 SUV
驱动方式	前置四驱
发动机	2.0T 237 马力 L4
变速箱	9 挡手自一体
长×宽×高（毫米）	5056×1964×1780
轴　　距	2863 毫米
整备质量	2095 千克
最高车速	210 公里 / 时
0~100 公里 / 时加速	8.8 秒

车尾部设计饱满壮硕，超大尺寸的尾翼造型，折线状的灯带与前大灯部位的日间行车灯带有些神似。

车内座椅采用真皮面料包裹，功能方面支持座椅加热 / 通风，电动调节等，传统的指针式仪表盘以及三辐式多功能方向盘，装饰件之间的细节处比较细腻精良，该车保持了美系传统 SUV 的硬朗布局，给人的感觉颇为粗犷，嵌入式的大屏，在同级别的车型中十分有氛围感。

第 3 章　运动型多用途车

凯迪拉克 XT6 前侧方视角

凯迪拉克 XT6 内饰

173

现代汽车鉴赏（家用汽车篇）

雷诺阿卡纳

雷诺阿卡纳（Renault Arkana）是法国雷诺汽车公司推出的一款SUV型轿车，这款车融合了轿车的优雅、跑车的运动感和SUV的坚固性等特性，在2018年莫斯科车展上亮相时就给所有人留下了深刻的印象。

雷诺阿卡纳采用时下流行的"轿跑"型设计方式，车身看上去非常饱满圆润。前脸C字形的大灯配合锯齿状的上下格栅非常有杀伤力，大灯使用了LED灯源，保险杠两侧的进气口同样具有运动风范。

基本参数(2020年款旗舰版)	
上市时间	2020年2月
级别	紧凑型SUV
车身结构	5门5座SUV
驱动方式	前置四驱
发动机	1.6L 141马力 L4
变速箱	5速手动
长×宽×高(毫米)	4545×1820×1820
轴距	2720毫米
整备质量	1370千克
最高车速	185公里/时
0~100公里/时加速	7.3秒

内饰部分，中央控制台为8英寸触摸屏界面，方向盘和驾驶员以及前排乘客座椅都可加热。后备箱有一个双照明系统，可折叠的后排座椅意味着行李空间很容易从508升增加到1333升。同时，雷诺的工程师们也将这款车的振动降到最低，并优化了这款SUV型轿车的乘客舱隔音性能。

雷诺科雷傲

雷诺科雷傲（Renault Koleos）是法国雷诺汽车公司在 2007 年推出的一款 SUV 型轿车，2009 年登陆中国市场。凭借时尚的外观和全路况性能，该车获得了众多消费者的喜爱。

科雷傲采用了更细的镀铬格栅，配合大尺寸的雷诺 LOGO 和全新前保险杠，增强了前脸的立体感和层次感。车顶的尾翼起到了很好的装饰作用，高位刹车灯隐藏在下面，饱满、大气。

基本参数 (2019 年款旗舰版)	
上市时间	2019 年 4 月
级别	紧凑型 SUV
车身结构	5 门 5 座 SUV
驱动方式	前置四驱
发动机	2.5L 186 马力 L4
变速箱	CVT 无级变速
长×宽×高(毫米)	4672×1843×1717
轴距	2705 毫米
整备质量	1660 千克
最高车速	187 公里/时
0~100 公里/时加速	7.9 秒

车内整体设计风格简约而不失豪华，中控台采用缎纹饰面，按键与旋钮均采用镀铬装饰，尽显精致。驾驶座椅位置可调高，以获得开阔的视野，以及极大地提升驾驶的安全性和舒适性。面积达 0.75 平方米的全景天窗，使驾乘者在车内就能坐拥整片蓝天。

现代汽车鉴赏（家用汽车篇）

林肯航海家

林肯航海家（Lincoln Nautilus）是美国林肯汽车公司在 2006 年推出的一款 SUV 型轿车，至今已发展至第二代。

得益于家族最新设计技术的应用，第二代航海家呈现出更年轻化的姿态。前脸大尺寸的熏黑进气格栅内辅以镀铬点阵式元素，营造出了"星空"的既视感，可发光点亮的林肯十字标志矗立在中间，显得端庄而又典雅。同时，一条 LED 灯带贯穿两侧灯组，进一步提升了科技感。下方三段式前包围则为前脸带来运动气息，下格栅边缘还用镀铬点缀，进一步提升了细节处的高级质感。车身最大的亮点无疑是换装了更宽大的贯穿式尾灯，中间还用"LINCOLN"标志与镀铬饰条点缀，提升档次感。

内饰在保留了悬浮式中控屏的同时，又在中控台上方加入了环抱式的联屏设计元素。双幅式多功能方向盘更为简洁，中控区域也取消了大部分物理按键，不过依旧保留了按键换挡，但换为镀铬材质，同时还换装了水晶质地的旋钮，加之黑白双色风格以及大面积皮质包裹，整体更豪华。

基本参数 (2022 年款旗舰版)	
上市时间	2022 年 12 月
级别	中型 SUV
车身结构	5 门 5 座 SUV
驱动方式	前置四驱
发动机	2.7T 322 马力 V6
变速箱	8 挡手自一体
长 × 宽 × 高 (毫米)	4849×1934×1693
轴距	2850 毫米
整备质量	2154 千克
最高车速	226 公里 / 时
0~100 公里 / 时加速	8.1 秒

第 3 章　运动型多用途车

林肯航海家（第二代车型）前侧方视角

林肯航海家（第二代车型）内饰

雷克萨斯 UX

雷克萨斯 UX（Lexus UX）是日本雷克萨斯汽车公司于 1997 年推出的一款 SUV 型轿车，至今已发展至第五代。

外观方面，第五代雷克萨斯 UX 的车头变得更加宽大，并且在发动机盖上增加了一些突起线条，看上去颇具肌肉感。两侧犀利的大灯造型，内部灯组错落有致，点亮时炯炯有神。侧面线条依旧是雷克萨斯独到的运动外观，有助于突出雷克萨斯 UX 的造型。同时，行李厢盖与包围的合理比例也赋予了车尾设计硬朗的视觉重心，贯穿式的后尾灯同样简单，特别是刹车灯，与前面的日间行车灯互相呼应。

内饰方面，中控台以上使用的都是塑料、皮质材料，极大地提升了整车的档次感，7.0 英寸的显示屏，画面设计简洁，但功能齐全，前排还配备有双温区自动空调控制系统，可以自由调试最舒适的空间温度。

基本参数 (2022 年款旗舰版)	
上市时间	2022 年 7 月
级别	紧凑型 SUV
车身结构	5 门 5 座 SUV
驱动方式	前置前驱
发动机	2.0L 146 马力 L4
变速箱	E-CVT 无级变速
长×宽×高(毫米)	4494×1840×1540
轴距	2640 毫米
整备质量	1585 千克
最高车速	177 公里/时
0~100 公里/时加速	8.5 秒

雷克萨斯 RX

雷克萨斯 RX（Lexus RX）是日本雷克萨斯汽车公司在 1998 年推出的一款 SUV 型轿车，至今已发展至第五代。

1998 年，雷克萨斯推出了第一代 RX 车型即 RX300，在全球汽车市场上开创了豪华跨界车型的先河。虽然同一时期频繁出现了各种各样的 SUV 车型，但雷克萨斯 RX 最终赢得了胜利，这是因为这款车型并不只是单单专注于越野性能，它不

基本参数 (2021 年款旗舰版)	
上市时间	2021 年 3 月
级别	中大型 SUV
车身结构	5 门 6 座 SUV
驱动方式	前置四驱
发动机	3.5L 262 马力 V6
变速箱	E-CVT 无级变速
长×宽×高（毫米）	5000×1895×1720
轴距	2790 毫米
整备质量	2240 千克
最高车速	180 公里/时
0~100 公里/时加速	8 秒

但在舒适性方面做得很好，而且兼具了轿车的出色驾驶性能、SUV 的外观特征以及越野能力。2003 年，第二代雷克萨斯 RX 问世，这一代车型不但有着强劲的动力，而且燃油经济性也十分出色。第三代雷克萨斯 RX 凭借卓越的品质、优于同级的空间表现以及丰富的智能化配置，产生了不错的市场反响。第四代雷克萨斯 RX 凭借当时引领未来的设计技术、高品质的内饰，以及全面领先的科技配置和顶级的安全性能，广受称赞。2022 年，全新的第五代雷克萨斯 RX 车型以焕然一新的姿态出现在大家面前。在雷克萨斯电气化愿景下，这次全新的 RX 车型在中国市场提供了混动和插混两种版车型。

梅赛德斯-奔驰 GLA 级

梅赛德斯-奔驰 GLA 级（Mercedes-Benz GLA Class）是德国梅赛德斯-奔驰汽车公司在 2013 年推出的一款 SUV 型轿车，至今已发展至第二代车型。GLA 级的换代，意味着奔驰紧凑型车家族的进一步完善。

自从第二代 GLA 级上市以来，它就被认为是超小型跨界 SUV 细分市场中外观最高档的产品之一。车身大胆采用了家族全新的雕塑感十足的钣件折线，塑造出线条分明的车身轮廓。车头的水箱格栅由奔驰招牌的双横式镀铬横条和中央三芒星厂徽构建而成。车尾也以一道镀铬饰条和尾灯组中的白色区块相接，车尾下方则配置了醒目的亮光挡泥护板和左右双出尾管。

车内配备三幅式跑车化多功能方向盘、双环式仪表、十字形镀铬出风口以及独立式的中央彩色显示屏，并根据车身造型，在中控台线条下进行小幅修饰。此外，奔驰还提供了多款真皮座椅及内装饰板的搭配，让消费者自行搭配。

基本参数 (2023 年款旗舰版)	
上市时间	2022 年 9 月
级别	紧凑型 SUV
车身结构	5 门 5 座 SUV
驱动方式	前置四驱
发动机	2.0T 190 马力 L4
变速箱	8 挡湿式双离合
长×宽×高（毫米）	4438×1834×1615
轴距	2729 毫米
整备质量	1647 千克
最高车速	212 公里/时
0~100 公里/时加速	8.1 秒

第 3 章　运动型多用途车

梅赛德斯-奔驰 GLA 级（第二代车型）内饰

梅赛德斯-奔驰 GLA 级（第二代车型）侧前方视角

梅赛德斯－奔驰 GLB 级

梅赛德斯-奔驰GLB级（Mercedes-Benz GLB Class）是德国梅赛德斯-奔驰汽车公司在2019年推出的一款SUV型轿车。

GLB级基于全新的MFA 2平台打造，前脸采用单横幅繁星式中网，下包围被设计为三段式，两侧有风刀元素。灯组造型相对较圆润，并未采用"三角眼"造型，内部为弧线形LED日行灯。车身侧面以及车顶带行李架，轮拱造型相对较方正，采用黑色侧包围，轮圈有不同样式可选。尾部相对垂直于地面的线条使得其空间利用率达到最大化，两侧尾灯组点亮后辨识度明显。

车内配备标志性的10.25英寸双联屏设计（标配车型为7英寸）＋飞机涡轮样式圆形空调出风口，辅以奔驰引以为傲的多色调氛围灯，MBUX人机交互系统支持语音及触控板操控。

基本参数 (2023年款旗舰版)	
上市时间	2022年9月
级　别	紧凑型SUV
车身结构	5门7座SUV
驱动方式	前置四驱
发动机	2.0T 190马力 L4
变速箱	8挡湿式双离合
长×宽×高（毫米）	4638×1834×1700
轴　距	2829毫米
整备质量	1778千克
最高车速	205公里/时
0~100公里/时加速	8.7秒

第 3 章　运动型多用途车

梅赛德斯 - 奔驰 GLB 级前侧方视角

梅赛德斯 - 奔驰 GLB 级内饰

马自达 CX-5

马自达 CX-5（Mazda CX-5）是日本马自达汽车公司在 2012 年推出的一款 SUV 型轿车，现已发展至第二代。

马自达 CX-5 采用新一代轻量化高刚性"创驰蓝天"车身，外形延续了马自达的"魂动"设计理念，整体造型仿佛矫健的猎豹正在飞身扑向猎物，表现出强大的生命力和跃动感。内饰风格与外观的动感和谐统一，整体设计简单、实用。其液晶显示屏也是焕然一新。中控位置添加了悦联系统，也给内饰带来了娱乐效果。

作为首款在发动机、变速箱、车身、底盘都采用马自达"创驰蓝天"技术的量产车型，CX-5 同时实现了上乘舒适的驾乘感受和极为出色的油耗表现。

基本参数 (2022 年款旗舰版)	
上市时间	2022 年 3 月
级别	紧凑型 SUV
车身结构	5 门 5 座 SUV
驱动方式	前置前驱
发动机	2.5L 196 马力 L4
变速箱	6 挡手自一体
长×宽×高（毫米）	4575×1842×1685
轴距	2700 毫米
整备质量	1505 千克
最高车速	185 公里/时
0~100 公里/时加速	7.9 秒

马自达 CX-50

马自达 CX-50（Mazda CX-50）是日本马自达汽车公司在 2022 年推出的一款 SUV 型轿车。

CX-50 依旧保持马自达典型的家族式设计风格，前脸巨大的盾形格栅与两侧大灯相连，周围还采用黑色的边框进行包裹。侧面外凸的前后轮眉进一步加宽了新车的横向视觉效果，简洁的型面和少数的镀铬装饰营造出不错的质感，而在轮眉、侧裙等处还运用了黑色装饰，突出了该车的越野气息。车尾的立体式弧形灯组设计，与前灯组遥相呼应；后保险杠两侧内凹的设计以及双边共两出的排气进一步强化了运动感。

内饰方面遵循了马自达的极简主义风格，采用了丰富的皮质包裹和精致的缝线工艺，仪表盘采用常规的液晶＋机械式组合，并保留了经典的"三炮筒"式设计风格；悬浮式中控屏依旧设置在中控台上方，方便驾驶员观察，但尺寸不大；车内还保留了大量的物理按键，方便日常操作，并且在挡把区还有空间相当可观的储物格，实用性很强。

基本参数 (2022 年款旗舰版)	
上市时间	2022 年 1 月
级　别	紧凑型 SUV
车身结构	5 门 5 座 SUV
驱动方式	前置四驱
发动机	2.5L 187 马力 L4
变速箱	6 挡自动
长×宽×高(毫米)	4719×1920×1613
轴　距	2814 毫米
整备质量	3706 千克
最高车速	185 公里/时
0~100 公里/时加速	7.3 秒

马自达 CX-60

马自达 CX-60（Mazda CX-60）是日本马自达汽车公司在 2022 年推出的一款 SUV 型轿车。

马自达 CX-60 前脸运用了大量棱角分明的线条，相比马自达以往圆润的风格，多了一些硬朗的味道。大灯和中网融为一体，LED 日行灯采用分段式设计方式。车尾部分看起来十分敦厚，但双边共四出的排气口、勺子造型的尾灯以及尾门上方的扰流板依旧营造出强烈的运动感。

基本参数 (2022 年款旗舰版)	
上市时间	2022 年 4 月
级　　别	中型 SUV
车身结构	5 门 5 座 SUV
驱动方式	前置四驱
发动机	2.5L 327 马力 L4
变速箱	8 挡自动
长×宽×高(毫米)	4740×1890×1670
轴　　距	2870 毫米
整备质量	1680 千克
最高车速	200 公里/时
0~100 公里/时加速	5.8 秒

内饰方面，马自达 CX-60 配备了全 TFT-LCD 数字仪表盘、12.3 英寸中控屏，以及比 CX-30 大 3 倍的 HUD 抬头显示。此外，车内的面部识别系统，能够根据驾驶者输入的身高以及眼睛的高度，自动调整座椅、方向盘、HUD 显示系统以及内外后视镜。此外，CX-60 还配备有"驾驶员异常响应系统"，该系统可检测驾驶员的意识丧失，并在确定驾驶员无法继续驾驶时自动减速和停止，直至紧急报警。

第 3 章　运动型多用途车

马自达 CX-60 前侧方视角

马自达 CX-60 内饰

欧宝安德拉

欧宝安德拉（Opel Antara）是德国欧宝汽车公司在 2006 年推出的一款 SUV 型轿车。

安德拉基于通用汽车全球中级跨界 SUV 平台 THETA 打造，在保留原有车型优势和配置的基础上，对外观设计方式、动力性能和内饰配置等多方面进行了全面改进和提升，进一步凸显出鲜明的跨界特征和出众的德系品质。前脸采用欧宝设计独特的双层蜂窝运动格栅，上部进气格栅保持倒梯形，配以精致的亚银镀铬条装饰，辐条中间的立体镂空线横贯"闪电"车标，彰显质感的同时视觉层次更为分明。底部进气格栅的进气口和两侧锐气十足的菱型雾灯框的位置整体上移，散发出浓郁的运动气息。

中控台依旧延用欧宝以驾驶者为中心的人性化设计理念，布局井然有序，操控便捷。宽大醒目的仪表盘，GID 多功能信息显示屏，极具动感的多功能方向盘，时尚精致的镀铬饰条元素，配以高视野的人体工学运动座椅和大面积车窗玻璃，无时无刻不在强调其 SUV 的运动个性和所倡导的轻松随意的都会休闲方式。

基本参数 (2013 年款旗舰版)	
上市时间	2013 年 9 月
级　别	中型 SUV
车身结构	5 门 5 座 SUV
驱动方式	前置四驱
发动机	2.4L 167 马力 L4
变速箱	6 挡手自一体
长 × 宽 × 高 (毫米)	4596×1850×1761
轴距	2707 毫米
整备质量	1812 千克
最高车速	175 公里 / 时
0~100 公里 / 时加速	7.1 秒

第3章 运动型多用途车

欧宝安德拉前侧方视角

欧宝安德拉内饰

起亚 KX3

起亚 KX3（Kia KX3）是韩国起亚汽车公司专门为中国市场开发的一款 SUV 型轿车，现已发展至第二代车型。自 2019 年起，它又被称为 KX3 傲跑。

第二代 KX3 前脸搭配了很多银色元素，采用全新设计的进气格栅和两侧 LED 大灯组，整体造型相比现款车型更加犀利。更长、更宽的前中网配合竖向镀铬装饰条，非常有质感。内饰基本延续了起亚家族最新的设计风格，采用上深下浅的配色方案，中控面板则采用上下分层的设计方式并配有彩色大屏，按键布局工整，整体设计比较简洁。KX3 配备了三幅多功能方向盘并带有金属装饰，座椅可选择黑色真皮和红色缝线搭配。

配置方面，配备有 ESP 车身稳定系统、前排座椅加热、前排座椅通风、方向盘加热、自动空调、一键启动、定速巡航、后排空调出风口以及全景天窗。

基本参数 (2021 年款旗舰版)	
上市时间	2021 年 5 月
级　别	小型 SUV
车身结构	5 门 5 座 SUV
驱动方式	前置前驱
发动机	1.5L 115 马力 L4
变速箱	CVT 无级变速
长×宽×高(毫米)	4345×1800×1650
轴　距	2630 毫米
整备质量	1220 千克
最高车速	172 公里/时
0~100 公里/时加速	7.3 秒

起亚 KX7

起亚 KX7（Kia KX7）是韩国起亚汽车公司在 2016 年推出的一款 SUV 型轿车。

外观方面，起亚 KX7 采用了虎啸式家族前脸造型，其中前进气格栅被设计为网格状，整体造型十分硬朗。尾灯组则使用 LED 光源，当夜晚点亮时，显示效果非常出色。内饰设计比较简约，很多功能按键都能轻松找到，方向盘采用四幅设计方式，内饰整体看起来更显稳重。

基本参数 (2020 年旗舰版)	
上市时间	2020 年 4 月
级 别	中型 SUV
车身结构	5 门 7 座 SUV
驱动方式	前置四驱
发动机	2.0T 241 马力 L4
变速箱	6 挡手自一体
长×宽×高（毫米）	4730×1890×1730
轴 距	2700 毫米
整备质量	1840 千克
最高车速	200 公里 / 时
0~100 公里 / 时加速	8.3 秒

KX7 则采用时下流行的悬浮式中控显示屏，中控面板上的按钮不多，突出了使用的便利性。

配置方面，该车配有盲区监测系统、自动驻车系统、CarPlay 智能互联系统、空气净化系统、座椅加热系统以及全景天窗和 JBL 音响等系统。

起亚 KX5

起亚 KX5（Kia KX5）是韩国起亚汽车公司在 2015 年推出的一款 SUV 型轿车。

外观方面，起亚 KX5 采用了家族虎啸式进气格栅，搭配上造型特别的大灯，个性十足，并且使用了 LED 光源，而前包围两侧设计有进气槽，还用镀铬勾勒。尾部圆润厚重，采用了时下流行的贯穿式尾灯，上方还有横幅镀铬饰条，鲜红色的 LED 光源，下方黑色包围、金属护板以及外露双边两出式排气。

内饰方面，中控台上部软性材质包覆，下部是哑光饰板。细节处均采用银色饰条装饰，极具科技感。标配真皮方向盘，除了时尚版均配 7 英寸液晶仪表，豪华版还有无线充电功能。同时全系标配 10.25 英寸中控屏以及 LED 大灯等。

基本参数 (2021 年款旗舰版)	
上市时间	2021 年 6 月
级别	紧凑型 SUV
车身结构	5 门 5 座 SUV
驱动方式	前置四驱
发动机	1.6T 177 马力 L4
变速箱	7 挡干式双离合
长×宽×高(毫米)	4550×1855×1655
轴距	2670 毫米
整备质量	1664 千克
最高车速	195 公里 / 时
0~100 公里 / 时加速	7.9 秒

第 3 章　运动型多用途车

起亚 KX5 前侧方视角

起亚 KX5 内饰

现代汽车鉴赏（家用汽车篇）

日产逍客

日产逍客（Nissan Qashqai）是日本日产汽车公司在 2006 年推出的一款 SUV 型轿车，至今已发展至第三代。中国在 2015 年将其引进，并由东风日产汽车公司负责生产和销售。

第三代日产逍客在外观上融合了高端两厢掀背轿车的各种优秀特性，车头灯组和进气格栅连为一体，灯腔内双折线的日间行车灯勾画犀利，日产家族式的下沉中网视觉观感上比较饱满。车身侧面采用上扬腰线营造出静态动感，黑色的轮眉和侧裙则进一步突出了车辆侧面的视觉重心，更符合一款 SUV 车型该有的硬气。内饰带有明显的日产家族风格，上深下浅的颜色提升了内饰动感效果，方向盘、仪表盘、中控台采用银色装饰条点缀，既简洁又时尚。三幅式的方向盘左上侧为多媒体控制区域，调节音轨采用拨片的方式，操作起来很方便。仪表盘周围用铝材装饰，现代感十足。

基本参数 (2022 年款旗舰版)	
上市时间	2021 年 9 月
级　　别	紧凑型 SUV
车身结构	5 门 5 座 SUV
驱动方式	前置前驱
发动机	2.0L 151 马力 L4
变速箱	CVT 无级变速
长×宽×高 (毫米)	4401×1837×1611
轴　　距	2646 毫米
整备质量	1480 千克
最高车速	186 公里 / 时
0~100 公里 / 时加速	7.9 秒

日产途达

日产途达（Nissan Terra）是日本日产汽车公司在 2018 年推出的一款 SUV 型轿车。

外观方面，日产途达整体线条较为硬朗，前格栅大尺寸的 U 形镀铬条搭配蜂窝状熏黑进气格栅，使车辆看起来更加犀利。大灯组被设计为多边形，造型精致大气。车身侧面，经熏黑处理的 B 柱、C 柱营造出了悬浮车顶的效果，看上去更加立体。

基本参数 (2020 年款旗舰版)	
上市时间	2019 年 11 月
级　别	中型 SUV
车身结构	5 门 5 座 SUV
驱动方式	前置四驱
发动机	2.5L 193 马力 L4
变速箱	7 挡手自一体
长×宽×高(毫米)	4882×1850×1835
轴　距	2850 毫米
整备质量	1934 千克
最高车速	165 公里/时
0~100 公里/时加速	7.3 秒

内饰采用了软性塑料材质包裹，线缝细节的处理非常细腻，配备了三幅式多功能方向盘，并搭载机械指针以及液晶显示组合仪表，中控台上方还设置了一台 11 英寸液晶中控屏幕，下方则配备了传统的机械式换挡机构。而在配置方面，像全景天窗、倒车影像、自适应巡航、无钥匙进入、皮质座椅以及自动空调等豪华配置都属于全系标配。

现代汽车鉴赏（家用汽车篇）

日产途乐

日产途乐（Nissan Patrol）是日本日产汽车公司在 1951 年推出的一款 SUV 型轿车，至今已发展至第六代。

途乐于 1951 年发布第一代车型，主打越野车配置，以硬派自居。第二代途乐被用于商用和运输，甚至被改造成消防车、警车和军用车辆，广泛地活跃在社会各界。第三代途乐无论是外形、底盘还是动力系统都是全新的，而且悬挂系统配备了多片式钢板弹簧，增强了强度和抗冲击性，驾驶者还可以根据需要切换高速四驱和低速四驱，道路适应能力更强大。第四代途乐在外观上并没有太大变化，只是内部进行了升级。例如用悬挂的螺旋弹簧替代了钢板弹簧，后悬挂也被改为 5 连杆，舒适性有所提升。第五代途乐在保持硬派越野车特性的同时，还采用了传统梯形大梁设计方式，表现更可靠更耐用。第六代途乐外观和内饰都比前五代更显豪华，为进一步满足消费者用车需求，第六代途乐还配备了非常多的电子系统以保证其拥有杰出的越野能力。

基本参数 (2023 年款旗舰版)	
上市时间	2022 年 7 月
级　别	大型 SUV
车身结构	5 门 7 座 SUV
驱动方式	前置四驱
发动机	5.6L 400 马力 V8
变速箱	7 挡手自一体
长×宽×高（毫米）	5305×2030×1925
轴距	3075 毫米
整备质量	2737 千克
最高车速	210 公里 / 时
0~100 公里 / 时加速	7.5 秒

第 3 章　运动型多用途车

日产途乐（第六代车型）前侧方视角

日产途乐（第六代车型）内饰

日产奇骏

日产奇骏（Nissan X-trail）是日本日产汽车公司在 2000 年推出的一款 SUV 型轿车，至今已发展至第四代。

第四代奇骏前脸部分，散热格栅边框除了白色的镀洛装饰条外，还采用了黑色的镜面装饰条。除了专用的前格栅外，通过在各个地方安装类似金属的饰面部件来实现差异化，安装了蓝色 LED 灯，还配备了专用的 20 英寸铝制车轮。内饰的整体设计没有太大的变化，内部空间通过采用薄型座椅和增加后排座椅滑动量（增加 20 毫米）来扩大头部空间和膝盖周围的空间。此外，吸音材料和隔音玻璃彻底消除了进入内饰的道路噪音和发动机噪音，营造出宽敞、安静的舒适空间。

基本参数 (2021 年款旗舰版)	
上市时间	2021 年 7 月
级 别	紧凑型 SUV
车身结构	5 门 5 座 SUV
驱动方式	前置四驱
发动机	1.5T 204 马力 L3
变速箱	CVT 无级变速
长 × 宽 × 高（毫米）	4681×1840×1730
轴 距	2706 毫米
整备质量	1705 千克
最高车速	200 公里 / 时
0~100 公里 / 时加速	8.2 秒

安全方面，配备了驾驶支持技术"日产自动泊车技术"设备。通过增加新的导航链接功能，实现了根据地图数据切换设定速度和根据弯道减速支持的功能，降低了驾驶员的操作频率。此外，还采用了新的紧急呼叫"SOS 呼叫系统"和控制远光灯照射范围的"自适应 LED 大灯系统"。

第 3 章　运动型多用途车

日产奇骏（第四代车型）后侧方视角

日产奇骏（第四代车型）内饰

日产劲客

日产劲客（Nissan Kicks）是日本日产汽车公司在 2016 年推出的一款 SUV 型轿车，中国在 2017 年将其引进，由东风日产汽车公司负责生产和销售。

国产版的劲客延续了海外版的造型，外观采用了日产家族式设计前脸，以粗壮的 V 形镀铬饰条装点的黑色蜂窝状中网格栅，可给人留下颇具力量感的视觉印象。相比之下，前雾灯仍采用传统卤素光源，不过近似于通风孔式设计的外围装饰效果仍为该车前脸注入了鲜明的运动气息。倾斜角度较大的尾窗使车尾获得了略带溜背效果的运动感，而刚劲有力的尾门线条也充分呼应了车头的设计风格。

劲客的内饰设计很有时尚感，采用了双色搭配，大量采用了银色和镀铬装饰件，更加年轻化。中控台部分区域采用皮质包裹，提升了内饰的高级感。仪表盘采用传统仪表和液晶屏相结合，显示的功能更加丰富。7 英寸中控液晶屏幕具有清晰的显示效果和实用的内置功能。并且在简化物理按键的同时，响应灵活的触控操作依然保留了日常使用的便利性。

基本参数 (2022 年款旗舰版)	
上市时间	2021 年 9 月
级别	小型 SUV
车身结构	5 门 5 座 SUV
驱动方式	前置前驱
发动机	1.5L 122 马力 L4
变速箱	CVT 无级变速
长×宽×高(毫米)	4312×1760×1613
轴距	2620 毫米
整备质量	1166 千克
最高车速	170 公里/时
0~100 公里/时加速	7.9 秒

三菱帕杰罗

三菱帕杰罗（Mitsubishi Pajero）是日本三菱汽车公司在 1981 年推出的一款 SUV 型轿车，至今已发展至第四代。

第四代帕杰罗沿袭了一贯的家族经典外形，线条以硬朗的直线为基调，给人一种力量的感觉。该车最大的变化是前脸，设计者山猫的眼睛为灵感，独特的前灯成为设计上的一大特色。尾部沿用了外置式备胎，更加人性化地将后车牌照、后雾灯等集中在尾门

基本参数 (2020 年款旗舰版)

上市时间	2019 年 6 月
级　别	中大型 SUV
车身结构	5 门 7 座 SUV
驱动方式	前置四驱
发动机	3.0L 174 马力 V6
变速箱	5 挡手自一体
长×宽×高(毫米)	4900×1875×1900
轴距	2780 毫米
整备质量	2155 千克
最高车速	175 公里/时
0~100 公里/时加速	7.1 秒

的中央。车内中控台整体采用硬朗而简洁的断面设计方式。显示各种行驶信息的中央信息显示屏在最高的位置，其下方是音响控制面板，最下方是空调控制面板。清晰明确地将各种控制面板安排在合理的位置，而且加大了频繁操作的按钮，提高了在驾驶过程中操作的识别性和便利性。

> **小知识：**
> 从第一代到第四代帕杰罗一直严格采用前灯反光底板设计方式，这可以说是帕杰罗的一种特质，也是一种作为越野车的功能性设计技术。

现代汽车鉴赏（家用汽车篇）

三菱欧蓝德

三菱欧蓝德（Mitsubishi Outlander）是日本三菱汽车公司在2001年推出的一款SUV型轿车，至今已发展至第四代。

第四代欧蓝德在前车部分拥有极强的辨析度，它采用了新一代动感护盾设计方式，通过分体式大灯和前包围护板提升了车辆的厚重感。上方精致的LED日间行车灯和银白的镀铬饰条融为一体，延伸到最下方的雾灯处，设计感十足。车身侧面的线条十分凌厉，凸显出整车的肌肉感。内饰整洁，使用大面积的浅色材料，营造出温馨舒适的车内空间。三幅式多功能方向盘使用皮质包裹，在两侧使用了打孔皮，用以提升握感。12.3英寸超大尺寸全液晶仪表盘可以显示丰富的行车信息。该仪表盘还可以提供多种显示模式，供不同车主选择。新车还拥有10.25英寸中控悬浮式显示屏，搭载最新的车机系统。

基本参数（2023年款旗舰版）	
上市时间	2022年11月
级别	紧凑型SUV
车身结构	5门7座SUV
驱动方式	前置四驱
发动机	1.5T 215马力 L4
变速箱	CVT无级变速
长×宽×高（毫米）	4710×1862×1745
轴距	2706毫米
整备质量	1800千克
最高车速	195公里/时
0~100公里/时加速	8.1秒

第 3 章　运动型多用途车

三菱欧蓝德（第四代车型）前侧方视角

三菱欧蓝德（第四代车型）内饰

203

沃尔沃 XC40

沃尔沃 XC40（Volvo XC40）是瑞典沃尔沃汽车公司在 2017 年推出的一款 SUV 型轿车。

沃尔沃 XC40 是沃尔沃汽车基于先进的 CMA 基础模块架构采用生产的首款车型，外观引入了全新设计的"雷神之锤"大灯和升级的智能 LED 像素大灯，搭配了 84 颗独立 LED 照明模块，配合整体式"镜面"沃尔沃徽标，显得更加优雅。内饰方面，木质装饰条与水晶档把的搭配组合十分有档次。

基本参数 (2023 年款旗舰版)	
上市时间	2022 年 7 月
级别	紧凑型 SUV
车身结构	5 门 5 座 SUV
驱动方式	前置前驱
发动机	2.0T 163 马力 L4
变速箱	7 挡湿式双离合
长×宽×高（毫米）	4440×1863×1652
轴距	2702 毫米
整备质量	1685 千克
最高车速	180 公里/时
0~100 公里/时加速	8.9 秒

沃尔沃 XC40 采用全新的驾驶辅助系统，具有更全面的主动制动功能。例如，向后自动刹车功能、准备驶离通知功能、紧急停车辅助功能等。

小知识：

2018 年 3 月 5 日，在第 88 届日内瓦车展开幕前夕，沃尔沃 XC40 车型获评 "2018 年欧洲年度车" 称号。

第3章　运动型多用途车

五十铃 MU-X

五十铃 MU-X（Isuzu MU-X）是日本五十铃汽车公司在 2013 年推出的一款 SUV 型轿车，至今已发展至第二代。

第二代五十铃 MU-X 在前进气格栅、前保险杠、前雾灯以及前大灯组造型等方面均有所升级，橙与黑的撞色设计让视觉效果更加出色。D 柱采用熏黑处理，与尾部玻璃融为一体，减少了突兀感。新车尾灯点亮后形成回旋镖式形状，辨识度更高。内饰整体布局简洁，中控台比较注重实用性，并没有多余的线条和装饰。在其他配置上，新车配备了 7 寸大显示屏、一键启动、蓝牙电话、多功能方向盘、倒车影像及自动恒温空调。

该车采用 2+2+3 的七座布局方式，标配 ABS+EBD、电动折叠外后视镜、带预热功能的燃油过滤器、前排头部气囊/侧气囊、一体式侧气帘等。

基本参数 (2022 年款旗舰版)	
上市时间	2022 年 4 月
级别	中型 SUV
车身结构	5 门 5 座 SUV
驱动方式	前置四驱
发动机	2.0T 220 马力 L4
变速箱	8 挡手自一体
长×宽×高(毫米)	4830×1860×1830
轴距	2845 毫米
整备质量	2000 千克
最高车速	175 公里/时
0~100 公里/时加速	7.9 秒

现代途胜

现代途胜（Hyundai Tucson）是韩国现代汽车公司在 2004 年推出的一款 SUV 型轿车，至今已发展至第四代。作为一款成熟的全球化车型，途胜自问世来已先后中国、韩国、欧洲、美洲、等国家和地区取得成功，积累了深厚的用户基础与口碑。2005 年，途胜成为北京现代汽车公司引入国内生产的首款 SUV 车型。

第四代途胜凭借引入多种新元素和技术革新，从实用性、舒适性角度出发着重强调了整体车型的高品质与高性能。外观方面，途胜采用了全新的设计方式，保险杠两侧灯组内融入了前雾灯、转向灯和分体式 LED 日行灯带，整体设计相比于上一代车型更为复杂，更具视觉冲击力。轮圈的主体造型为双色五辐式，跟张扬的前脸造型很搭配。其内饰设计偏向实用，不过在科技感的营造上也下了不少功夫，比如悬浮式的 10.25 英寸中控大屏就非常吸引眼球。

基本参数 (2023 年款旗舰版)	
上市时间	2022 年 11 月
级　别	紧凑型 SUV
车身结构	5 门 5 座 SUV
驱动方式	前置前驱
发动机	1.5T 200 马力 L4
变速箱	8 挡手自一体
长 × 宽 × 高（毫米）	4680×1865×1690
轴　距	2755 毫米
整备质量	1551 千克
最高车速	205 公里 / 时
0~100 公里 / 时加速	8.3 秒

第 3 章　运动型多用途车

现代途胜（第四代车型）前侧方视角

现代途胜（第四代车型）内饰

207

现代圣达菲

现代圣达菲（Hyundai Santa Fe）是韩国现代汽车公司在 2000 年推出的一款 SUV 型轿车。

圣达菲的整个格栅采用了贯通式的布局，内部的组成换成了密密麻麻的"鱼鳞"酷黑点阵，下方细长的"U"形贯穿式镀铬饰条大大拉伸了车头的视觉宽度，前杠处凸起的"破鲨"饰板也为前脸增添了几分凶狠感。车身侧面腰线贯穿整个车身，而在车头和车尾的位置上则采用了渐进式的布局，包括轮眉也是以内嵌式的形式呈现出来。

内饰方面，中控台采用了对称式的双弧形结构，并且使用双色材料制作。12.3 英寸全液晶仪表盘内置复古 UI 界面，显示效果清晰细腻，10.25 英寸的悬浮式中控屏支持不同系统的车机互联与高清全景影像系统。但在出风口下部保留了大量实体按键，增强了这款车的便捷性。

基本参数 (2017 年款旗舰版)	
上市时间	2016 年 11 月
级　别	紧凑型 SUV
车身结构	5 门 5 座 SUV
驱动方式	前置前驱
发动机	1.5T 156 马力 L4
变速箱	4 挡手自一体
长×宽×高（毫米）	4426×1862×1709
轴　距	2660 毫米
整备质量	1484 千克
最高车速	180 公里 / 时
0~100 公里 / 时加速	7.9 秒

现代 ix35

现代 ix35（Hyundai ix35）是中国北京现代汽车公司在 2010 年推出的一款 SUV 型轿车。

ix35 的外型设计是在德国法兰克福研发中心完成的，因此在外型上 ix35 带有明显的欧式风格，时尚前卫、强韧动感。内饰设计上，ix35 也保持了其动感、时尚的外在风貌，并且在各项功能配置上力求达到同级最高标准，比如全景天窗、后视镜集成倒车影像、发动机一键启动

基本参数 (2021 年款旗舰版)	
上市时间	2020 年 12 月
级别	紧凑型 SUV
车身结构	5 门 5 座 SUV
驱动方式	前置前驱
发动机	1.4T 140 马力 L4
变速箱	7 挡干式双离合
长×宽×高（毫米）	4500×1850×1715
轴距	2640 毫米
整备质量	1430 千克
最高车速	188 公里/时
0~100 公里/时加速	7.9 秒

等。车内采用灰色与米色搭配，营造出了温馨的家用风格。该车在材质做工方面也十分出色，无论是方向盘，中控台，还是座椅，精致的工艺制造使其手感细腻，视觉、触觉俱佳。四幅真皮多功能方向盘，采用大面积银色装饰，非常明显地突出了当今的流行风格。虽然 ix35 的整体尺寸并不显大，但在保证前、后排空间的基础上，后备箱空间也同样宽大。

雪佛兰开拓者

雪佛兰开拓者（Chevrolet Trailblazer）是美国雪佛兰汽车公司在 2020 年推出的一款 SUV 型轿车。

雪佛兰开拓者前脸造型硬朗有力，创新运用分体式大灯设计方式，并在车头车尾全部配备 LED 光源，加上动感十足的双排气尾管，尽显美式 SUV 豪迈气度。尾部采用双 Y 形 LED 尾灯，以确保日间和夜晚的行车安全。内饰采用了家族标志性的飞翼式双座舱设计方式，双炮筒运动仪表盘及缝线的加入则提升了车内的运动化氛围。10 英寸中控屏采用悬浮式设计方式，配合屏幕倾角能有效避免阳光直射干扰，为驾驶者带来更好的操作体验。

储物方面，雪佛兰开拓者在车内提供了多达 37 处的储物空间，在 7 座满员的情况下，雪佛兰开拓者拥有容积达 222 升的后备箱储物空间。

基本参数 (2021 年款旗舰版)	
上市时间	2021 年 11 月
级　别	中大型 SUV
车身结构	5 门 7 座 SUV
驱动方式	前置四驱
发动机	2.0T 237 马力 L4
变速箱	9 挡手自一体
长×宽×高 (毫米)	4999×1953×1726
轴　距	2863 毫米
整备质量	2035 千克
最高车速	210 公里 / 时
0~100 公里 / 时加速	8.9 秒

第 3 章　运动型多用途车

雪佛兰开拓者前侧方视角

雪佛兰开拓者内饰

英菲尼迪 QX50

英菲尼迪 QX50（Infiniti QX50）是日本英菲尼迪汽车公司在 2007 年推出的一款 SUV 型轿车，至今已发展至第二代。

第二代英菲尼迪 QX50 前脸采用大尺寸的波澜中网格栅并进行了熏黑处理，看起来更为霸气。在中网上大尺寸的车标 LOGO 同时也是自适应巡航系统的探头。前保险杠采用更具棱角的线条勾勒，进一步凸显出这款车的运动色彩。车头大灯采用 LED 光源，设计风格是远近光分体式设计，凸显其凶猛的造型。车身侧面一条流畅的腰线贯穿至尾灯，体现出饱满浑厚的视觉感受。车尾部分也采用多线条的造型设计，搭配两侧粗壮的排气管和全新样式的尾灯组造型，看起来极具科技感和运动感。

内饰方面，中控台以双屏幕为设计主体，两块屏幕均支持触摸控制。方向盘采用三幅式多功能方向盘设计，并采用真皮包裹，操作手感极佳。其经典的双圆形仪表盘，中央为彩色的车辆信息显示屏，显示效果非常清晰。

基本参数 (2022 年款旗舰版)	
上市时间	2021 年 9 月
级　别	中型 SUV
车身结构	5 门 5 座 SUV
驱动方式	前置四驱
发动机	2.0T 261 马力 L4
变速箱	CVT 无级变速
长 × 宽 × 高 (毫米)	4705×1903×1678
轴　距	2798 毫米
整备质量	1887 千克
最高车速	220 公里 / 时
0~100 公里 / 时加速	8.2 秒

第 3 章　运动型多用途车

英菲尼迪 QX50（第二代车型）前侧方视角

英菲尼迪 QX50（第二代车型）内饰

英菲尼迪 ESQ

英菲尼迪 ESQ（Infiniti ESQ）是日本英菲尼迪汽车公司在 2014 年专为中国市场推出的一款 SUV 型轿车。

英菲尼迪 ESQ 前脸保留日产的设计风格，但是前脸的中网上并没有英菲尼迪的标志，而是 ESQ 的英文字母。在前脸的最下方，还有两个 LED 的日间行车灯。从侧面看，后车窗非常狭窄，并设计采用隐私玻璃，而且后门把手的隐藏设计，最大程度让车身看起来更加简洁。

基本参数 (2014 年款旗舰版)	
上市时间	2014 年 9 月
级　　别	小型 SUV
车身结构	5 门 5 座 SUV
驱动方式	前置四驱
发动机	1.6T 200 马力 L4
变速箱	CVT 无级变速
长 × 宽 × 高 (毫米)	4170×1770×1570
轴　距	2530 毫米
整备质量	1425 千克
最高车速	156 公里 / 时
0~100 公里 / 时加速	8.6 秒

内饰部分，该车采用了英菲尼迪经典的上下双屏设计方式，三辐式多功能方向盘为标准的日产样式，配备同级别中最舒适的座椅，不仅宽大厚实，而且还能提供足够的包裹性和支撑力，满足运动和代步。

第 4 章　多功能休旅车

全球汽车消费在日益理性的大背景下，多功能休旅车（MPV）正成为汽车发展的一大潮流。它集旅行车宽大乘员空间、轿车的舒适性、和厢式货车的功能于一身，是主要针对家庭用户的车型。随着家庭结构的变化以及油价的提升，多功能休旅车已逐渐成为一种全新的汽车家庭式消费。

比亚迪 M6

比亚迪 M6（BYD M6）是中国比亚迪汽车公司在 2016 年推出的一款 MPV 型休旅车。

比亚迪 M6 的前脸造型十分醒目，特别是它的前大灯造型，三盏灯并排一列，使得飞翼式的进气格栅显得有些小巧，而棱形的雾灯则十分霸气。侧身的整体设计给人一种力量感，搭配多副式的轮毂，凸显出该车的运动气息。内饰方面，中控台上加入了 8 英寸触摸液晶显示屏，该液晶屏集成语音提醒、收音机、CD、DVD、车载电视、USB、AUX、蓝牙、手机音乐等多种功能。此外，该车还加入了 360 度全景影像系统，该配置可以通过车内的屏幕观察车辆四周全方位度的信息，为驾驶员提供了极大的便利性。

基本参数 (2015 年款旗舰版)	
上市时间	2014 年 10 月
级　别	中型 MPV
车身结构	5 门 7 座 MPV
驱动方式	前置前驱
发动机	2.4L 167 马力 L4
变速箱	6 挡干式双离合
长×宽×高(毫米)	4820×1810×1765
轴　距	2960 毫米
整备质量	1790 千克
最高车速	180 公里/时
0~100 公里/时加速	10.9 秒

第 4 章　多功能休旅车

本田奥德赛

本田奥德赛（Honda Odyssey）是日本本田汽车公司在 1994 年推出的一款 MPV 型休旅车，至今已发展至第五代。中国在 1999 年将其引进，由广汽本田汽车公司负责生产和销售。

第一代奥德赛作为一款全球型战略车，在日本、北美、欧洲等市场打开通道，并且与第五代雅阁共用平台，有着很多相同之处。第二代被引进中国市场后，对国内实际路况进行了反复考察，因此广汽本田

基本参数 (2022 年款旗舰版)	
上市时间	2022 年 11 月
级　　别	中型 MPV
车身结构	5 门 4 座 MPV
驱动方式	前置前驱
发动机	2.0L 146 马力 L4
变速箱	E-CVT 无级变速
长×宽×高(毫米)	4861×1820×1705
轴　距	2900 毫米
整备质量	1997 千克
最高车速	160 公里 / 时
0~100 公里 / 时加速	9 秒

汽车公司在奥德赛身上进行了多方面的改进。第三代奥德赛在外观上被重新设计，拥有更加低趴的前卫外型和车身，虽然打着 MPV 的标签，不过看起来更像一台轿车的旅行版。第四代在外观设计方面更加激进年轻化，进气格栅和尾部行李箱盖处都采用镀铬装饰，并且对内部配置进行了升级，拥有更高的现价比，在日本国内也受到较高的欢迎。第五代无论是在外观上还是车身尺寸上都能给人一种耳目一新的感觉，厚重的风格和更高的车身，使它与前代车型有了明显的区别。

现代汽车鉴赏（家用汽车篇）

本田奥德赛（第五代车型）前侧方视角

本田奥德赛（第五代车型）内饰

本田时韵

本田时韵（Honda Stream）是日本本田汽车公司在2000年推出的一款MPV型休旅车，至今已发展至第二代。

第二代本田时韵外观以"海豚"为主基调，通过流线型固有的稳健风格来获得代表未来流行趋势的效果。以圆弧为基调的侧窗，使该款车看起来更像两厢轿车。具有跑车特色的座舱包括钛金属装饰的中央操作板，以及"透视式自发光3眼"仪表布局。座椅的设计改进了座椅对身体的支托，使乘员的移动更加方便。除了在设计上具有即使是长途旅行亦不会感到疲劳的特色外，第二排座椅还具有独立的、前后可移动240毫米的滑动机构，使上下车更加方便。可折叠的第三排座椅在弯折后，可提供一个方便使用的后部载物区。

基本参数(2004年款旗舰版)	
上市时间	2004年
级　别	紧凑型MPV
车身结构	5门7座MPV
驱动方式	前置前驱
发动机	2.0L 156马力 L4
变速箱	5挡自动
长×宽×高(毫米)	4575×1695×1590
轴　距	2720毫米
整备质量	1470千克
最高车速	190公里/时
0~100公里/时加速	11.4秒

本田艾力绅

本田艾力绅（Honda Elysion）是日本本田汽车公司在 2004 年推出的一款 MPV 型休旅车，至今已发展至第二代。中国在 2012 年将其引进，并由东风本田汽车公司负责生产和销售。

第二代艾力绅的前脸其贯穿式大型格栅运动感极强，有厚度的强有力的发动机罩和支撑大块构造的大胆的运动包围造型，凸显出厚度和力度。在中网进气格栅处以精致优质的格栅和动感的飞翼共同装饰，体现了大胆和动感。全新设计的 LED 熏黑组合尾灯，更立体且更有厚重感；8 寸铝合金轮毂通过放射状的多条穿透式辐条，体现出向外的延伸感与品质感。内饰的质感也得到升级，新真皮绗缝工艺门板、高质感金属踏板、高质感座椅按键，高效地最大化地提升了价值感。

基本参数 (2022 年款旗舰版)	
上市时间	2021 年 12 月
级　别	中型 MPV
车身结构	5 门 7 座 MPV
驱动方式	前置前驱
发动机	2.0L 146 马力 L4
变速箱	E-CVT 无级变速
长 × 宽 × 高 (毫米)	4951×1842×1711
轴　距	2900 毫米
整备质量	1987 千克
最高车速	160 公里 / 时
0~100 公里 / 时加速	9 秒

本田弗里德

本田弗里德（Honda Freed）是日本本田汽车公司在 2008 年推出的一款 MPV 型休旅车，至今已发展至第二代。

第二代弗里德是以本田的"无障碍低地台"标准设计制造，并采用与第二代飞度相同的平台进行开发，为节省车厢空间因而采用了双滑门设计方式，这种设计方式更适合狭窄地区车辆的停放和乘客的上下车，车门也不会再容易与周围的车发生碰碰。此外，该车还拥有灵活的座位编排方式，中后排座椅可根据实际需要进行载客容量调整。当中后排座椅被折叠后，弗里德的储物空间足以容纳多辆 27 寸自行车。

在安全性方面，第二代弗里德标配高级驾驶员辅助系统，该系统具有水平视角更宽的广角前摄像头，前后各有 8 个声纳传感器。该车还配有主动刹车系统、车道偏离系统、车道保持系统、全速 ACC 系统、交通标志识别系统、低速禁止系统、前车启动通知系统、倒车禁止系统、自动远光灯等安全配置。

基本参数 (2014 年款旗舰版)	
上市时间	2014 年 2 月
级　　别	小型 MPV
车身结构	5 门 6 座 MPV
驱动方式	前置四驱
发动机	1.5 L 118 马力 L4
变速箱	5 挡自动
长 × 宽 × 高 (毫米)	4210 × 1695 × 1715
轴　　距	2740 毫米
整备质量	1270 千克
最高车速	180 公里 / 时
0~100 公里 / 时加速	9.8 秒

本田弗里德（第二代车型）前侧方视角

本田弗里德（第二代车型）后方视角

别克 GL8

别克 GL8（Buick GL8）是中国上汽通用汽车公司在 2000 年推出的一款 MPV 型休旅车，至今已发展至第四代。2000 年，别克首款 GL8 商务车在国内上市，开启了国内商务 MPV 的黄金时代，树立了别克品牌的高端形象。

2020 年，别克 GL8 推出由 GL8 艾维亚、GL8ES 陆尊和 GL8 陆上公务舱三大系列组成的全新一代 GL8 家族矩阵，引领 MPV 市场整体升级。

基本参数(2023年款别克GL8艾维亚旗舰版)	
上市时间	2022 年 8 月
级　别	大型 MPV
车身结构	5 门 4 座 MPV
驱动方式	前置前驱
发动机	2.0T 237 马力 L4
变速箱	9 挡手自一体
长×宽×高(毫米)	5219×1878×1799
轴　距	3088 毫米
整备质量	2040 千克
最高车速	195 公里 / 时
0~100 公里 / 时加速	9.8 秒

别克 GL8 艾维亚家族传承别克在 MPV 产品开发上的传统淀，汇集通用汽车全球优势资源和前沿科技打造，在设计、安全、舒适、科技、动力等方面全面突破与创新，以全方位的自我进化刷新智能与感官体验。别克 GL8 ES 陆尊作为别克 GL8 家族的中坚力量，承接了 GL8 艾维亚家族在设计美学、智能科技与豪华品质方面的优势，实现产品力的迭代升级。别克 GL8 陆上公务舱在设计、舒适、安全和科技等方面全方位突破，树立了宜商宜家的 MPV 新典范。

现代汽车鉴赏(家用汽车篇)

别克 GL8 艾维亚前侧方视角

别克 GL8 艾维亚车内座椅特写

别克 GL6

别克 GL6（Buick GL6）是上汽通用汽车公司在 2017 年推出的 MPV 型休旅车，是别克品牌深化家用市场布局的战略车型。

别克 GL6 前脸采用全新别克家族式的飞翼式镀铬进气格栅，悬浮式车顶、隐藏 D 柱，以及独特的车窗一体流线从 A 柱向后方延展，贯穿车尾。车尾造型则与别克 GL8 一脉相承，展翼形 LED 尾灯与 LED 大灯相映，配合智能大灯自动激活功能，为夜间驾驶提供安全保障。车内采用 "2+2+2" 六座布局，得益于长轴距和高效的空间设计，每位家人都能拥有宽敞的乘坐空间。符合人体曲线的座椅造型，保证了长时间乘坐的舒适性。多达 43 处的储物空间，后备箱空间可达 134 升。

基本参数 (2021 年款旗舰版)	
上市时间	2020 年 11 月
级别	紧凑型 MPV
车身结构	5 门 6 座 MPV
驱动方式	前置前驱
发动机	1.3T 163 马力 L3
变速箱	6 挡手自一体
长×宽×高(毫米)	4692×1794×1626
轴距	2796 毫米
整备质量	1525 千克
最高车速	190 公里/时
0~100 公里/时加速	11 秒

现代汽车鉴赏（家用汽车篇）

别克 GL6 前侧方视角

别克 GL6 内饰

第 4 章　多功能休旅车

大众开迪

大众开迪（Volkswagen Caddy）是德国大众汽车公司在 1980 年推出的一款 MPV 型休旅车，至今已发展至第四代。2005 年 4 月，大众开迪正式引入国内生产和销售。

由于第四代开迪具有灵活且便于组合的超大车内空间、舒适安全的驾驶感受，使得这款车所倡导的"空间驾乘理念"实现了前沿性突破，满足了消费者对车内生活空间具有延伸性的要求。开迪的车内高度达到了惊人的 1.22 米，载物空间能够拓展达 1300 升，侧门开启方式为侧滑，可大幅度打开，装卸大尺寸物件极为便利，这些设计满足了行业用户日常工作的载物需求。

另外，开迪还可以选装第三排座椅，最多可乘坐 7 人，并且第三排座椅的选装位置极佳，成人也适用。因其且拆卸方便，特别适合一家多口的外出旅游，也适合商务接待。

基本参数 (2005 年款旗舰版)	
上市时间	2005 年 2 月
级　别	紧凑型 MPV
车身结构	5 门 7 座 MPV
驱动方式	前置前驱
发动机	1.6L 100 马力 L4
变速箱	5 挡手动
长×宽×高(毫米)	4405×1802×1833
轴　距	2682 毫米
整备质量	1510 千克
最高车速	164 公里 / 时
0~100 公里 / 时加速	13.7 秒

现代汽车鉴赏（家用汽车篇）

大众开迪（第四代车型）前侧方视角

大众开迪（第四代车型）内饰

大众途安 L

大众途安 L（Volkswagen Touran L）是德国大众汽车公司途安系列的一款换代产品，车名中的字母"L"代表着这一代车型比上一代在尺寸上被全面加大。

相比于较偏向于商务的美系与日系而言，德系 MPV 车型更偏向家用，多了几分温馨家庭氛围。途安 L 的外观上并没有太多创新，不过采用了大量横向线条与扁平化的设计方式让它看起来更加大气。前脸采用了大众家族式设计方式，配备了横幅式进气格栅，与两侧灯组相贯通，以延展视觉宽度。尾部造型饱满，贯穿前后门把手的腰线颇具力量感，尾灯采用横向分体式设计方式，排气口采用了单边双出的布局。内饰同样采用了大众家族化设计方式，精致的用料以及木纹饰板的点缀为车内增添了些许档次，同时内饰颜色的选用也较为淡雅，更加凸显出它是以家庭为主导的 MPV 车型。

基本参数 (2021 年款旗舰版)	
上市时间	2020 年 8 月
级　　别	紧凑型 MPV
车身结构	5 门 7 座 MPV
驱动方式	前置前驱
发动机	1.4T 150 马力 L4
变速箱	7 挡干式双离合
长×宽×高（毫米）	4537×1834×1682
轴　　距	2791 毫米
整备质量	1575 千克
最高车速	190 公里 / 时
0~100 公里 / 时加速	9.3 秒

现代汽车鉴赏（家用汽车篇）

大众威然

大众威然（Volkswagen Viloran）是上汽大众汽车公司在 2020 年推出的一款 MPV 型休旅车。

大众威然整车依旧保持有着较强的商务感。其中车头部位采用大尺寸的横向镀铬格栅，气势很强。左右两侧前大灯组造型较为犀利，全 LED 光源内部棱角锋利，灯组与格栅连为一体，增强了前脸整体的设计感，同时灯组也具有着多种设计功能。车尾部还保持着一定的倾斜角度，使得整车不会给人以太过方正的感觉。车尾顶部设计有尾翼，但没有配备车顶行李架。内饰方面，中控台上配备了悬浮式的显示屏幕和触控面板以及电子挡把组合到一起，全液晶仪表盘内部界面可以根据主题色彩进行切换，不过方向盘两侧的多功能按键还是传统的机械式按键。

根据配置不同，大众威然的车内座椅分别采用皮革＋织物材质混搭和仿皮＋真皮材质面料包裹，功能方面提供有主副驾驶座椅电动调节，前排座椅加热等功能。

基本参数 (2023 年款旗舰版)	
上市时间	2022 年 9 月
级　别	中大型 MPV
车身结构	5 门 7 座 MPV
驱动方式	前置前驱
发动机	2.0T 220 马力 L4
变速箱	7 挡湿式双离合
长×宽×高(毫米)	5346×1976×1781
轴　距	3180 毫米
整备质量	2190 千克
最高车速	200 公里 / 时
0~100 公里 / 时加速	8.3 秒

第 4 章　多功能休旅车

丰田赛那

丰田赛那（Toyota Sienna）是日本丰田汽车公司在 1997 年推出一款 MPV 型休旅车，至今已发展至第四代。

丰田塞纳是一款针对北美市场的七座 MPV 型休旅车，多年来它以出色的空间表现和充沛的动力以及丰田的品质而闻名于世。作为一辆家庭使用的多功能车，赛那在空间、燃油经济性以及保值率方面都非常具有优势。

基本参数 (2021 年款旗舰版)	
上市时间	2021 年 10 月
级别	中大型 MPV
车身结构	5 门 7 座 MPV
驱动方式	前置前驱
发动机	2.5L 192 马力 L4
变速箱	E-CVT 无级变速
长×宽×高（毫米）	5165×1995×1765
轴距	3060 毫米
整备质量	2145 千克
最高车速	180 公里 / 时
0~100 公里 / 时加速	8.2 秒

第四代丰田塞纳全系标配了丰田智行安全系统，包括全速域自适应巡航、车道偏离预警、车道保持辅助、碰撞预警等一系列辅助驾驶功能。再加上全系标配 9 个安全气囊＋高刚性 GOA 车身，安全性能有足够的保障。作为 MPV 车型，赛那二排座椅舒适性十足，坐垫既宽大又柔软，并带有腿托功能。加热通风等功能也都是应有尽有。

231

现代汽车鉴赏（家用汽车篇）

丰田赛那（第四代车型）前侧方视角

丰田赛那（第四代车型）内饰

丰田埃尔法

丰田埃尔法（Toyota Alphard）是日本丰田汽车公司在 2002 年推出的一款 MPV 型休旅车，至今已发展至第三代。

第三代埃尔法在前脸部分有明显变化，巨大的前格栅几乎占满了整个前脸，在上下格栅之间还有两条非常明显的镀铬饰条，看起来非常有气势。而尾部的变化相对较小，采用了老款的设计方式，只是尾灯中间加入了一条银色饰条，尾灯造型也更加扁平。

基本参数 (2023 年款旗舰版)	
上市时间	2022 年 10 月
级　别	中大型 MPV
车身结构	5 门 7 座 MPV
驱动方式	前置四驱
发动机	2.5L 117 马力 L4
变速箱	E-CVT 无级变速
长×宽×高(毫米)	4975×1850×1945
轴　距	3000 毫米
整备质量	2290 千克
最高车速	152 公里 / 时
0~100 公里 / 时加速	8.3 秒

内饰方面，第一排座椅为全系标配的浮浮式中控台，配备 10.5 英寸双屏系统，以及全新升级的 JBL 音响系统和车载冰箱，提升了整车的档次感。车内采用 2+2+3 布局，配双层隔音玻璃，降低了噪音。

现代汽车鉴赏（家用汽车篇）

丰田埃尔法（第三代车型）侧前方视角

丰田埃尔法（第三代车型）车内座椅特写

福特 C-Max

福特 C-Max（Ford C-Max）是美国福特汽车公司在 2003 年推出的一款 MPV 型休旅车，历经两代发展之后，于 2019 年停止生产。

C-MAX 前脸采用福特家族的最新设计造型——阿斯顿马丁式的梯形中网和锐利的大灯。饱满而不失动感的一条腰线让 C-MAX 的侧身给人留下深刻印象。高车顶和大面积的侧窗突出了紧凑级 MPV 的实用性，为内部空间打下了良好的基础。

基本参数 (2017 年款旗舰版)	
上市时间	2016 年 4 月
级别	紧凑型 MPV
车身结构	5 门 5 座 MPV
驱动方式	前置前驱
发动机	2.0L 137 马力 L4
变速箱	E-CVT 无级变速
长×宽×高（毫米）	4410×1828×1620
轴距	2647 毫米
整备质量	1776 千克
最高车速	137 公里 / 时
0~100 公里 / 时加速	6.7 秒

车辆内部采用左右对称的仪表板和 5+2 座椅模式。高科技亮点包括免提尾门、主动泊车辅助、HD 收音机、车载多媒体互动系统以及带有发动机按键启动的无钥匙进入系统。选装件包括全景天窗，索尼音响，GPS 导航以及内饰背景照明系统。

福特途睿欧

基本参数(2020年款旗舰版)	
上市时间	2020年3月
级别	中型MPV
车身结构	5门7座MPV
驱动方式	前置前驱
发动机	2.0T 203马力 L4
变速箱	6挡手自一体
长×宽×高(毫米)	4976×2095×1990
轴距	2933毫米
整备质量	2288千克
最高车速	156公里/时
0~100公里/时加速	13.1秒

福特途睿欧（Ford Tourneo）是中国江铃福特汽车公司在2016年推出的一款MPV型休旅车。

国产途睿欧采用福特老款家族式造型设计方式，中网格栅较窄，底部为倒梯形格栅，两侧前大灯面积较大，内部带有透镜。该车两侧电动滑门带防夹保护，后排侧拉门齐平式推拉窗，乘客舱车窗遮阳帘，第二排座椅180度旋转功能，支持整体前后滑动以及靠背角度调节。第三排则采用了三张独立的全尺寸座椅，车内满载时也有活动空间。车内还配备有大尺寸顶置电动折叠显示器、黑色高光泽集成控制面板和拉丝金属踏板、脚部氛围灯、高级柚木实木地板等。此外，福特途睿欧的工程团队还专门为中国市场研发了一套全新的后空气悬架系统，这套空气悬架系统可以为驾乘者提供更加舒适、平稳的驾乘体验。

第 4 章 多功能休旅车

丰田威尔法

基本参数 (2023 年款旗舰版)	
上市时间	2022 年 9 月
级　别	中大型 MPV
车身结构	5 门 7 座 MPV
驱动方式	前置四驱
发动机	2.5L 117 马力 L4
变速箱	E-CVT 无级变速
长×宽×高(毫米)	4975×1850×1945
轴　距	3000 毫米
整备质量	2290 千克
最高车速	152 公里/时
0~100 公里/时加速	8.9 秒

　　丰田威尔法（Toyota Vellfire）是日本丰田汽车公司在 2008 年推出的一款 MPV 型休旅车，主要作为丰田埃尔法的运动型替代品销售。

　　丰田威尔法主要目的是吸引日本年轻的家庭用户，在设计方面更激进和注重时尚，在日本市场，威尔法的销量比埃尔法多出 20%。该车前脸分体式双灯组设计配合大面积镀铬，质感高档以外还有霸气成分。内饰方面，威尔法的设计方式与埃尔法一致，内饰有大面积的皮质包覆以提升车内质感。

　　安全配置方面，丰田威尔法全系标配了新一代丰田智行安全系统，升级单目摄像头和毫米波雷达，具有可识别自行车和行人的前部防碰撞预警、带有车道跟踪辅助的自适应巡航、后部交通预警、盲点监测等功能。

现代汽车鉴赏（家用汽车篇）

丰田威尔法侧方视角

丰田威尔法前侧方视角

丰田格瑞维亚

丰田格瑞维亚（Toyota Granvia）是中国一汽丰田汽车公司在 2022 年推出的一款 MPV 型休旅车。

格瑞维亚基于 TNGA-K 平台打造，其黄金眼投射式 LED 前大灯系统、动感蜂网前格栅，以及车型前脸极具动感与张力。作为国产中高端 MPV 型休旅车，格瑞维亚可轻松实现宽敞舒适的 2+2+3 座椅布局，多种空间搭配不仅能满足家庭露营或自驾游的用车需求，还能应对商务接待等多元场景。车内丰富的智能科技配置，由 12.3 英寸全液晶彩色 TFT 多功能信息显示屏、12.3 英寸彩色中控触控显示屏、10 英寸彩色 HUD 抬头显示系统为核心组成三屏联动智能显示，在为用户呈现精准数字化信息的同时，还支持智能语音交互，使用户轻松实现智能在线导航、智能车载生活服务、在线影音娱乐等功能。

基本参数 (2022 年款旗舰版)	
上市时间	2022 年 12 月
级　别	中大型 MPV
车身结构	5 门 7 座 MPV
驱动方式	前置前驱
发动机	2.5L 192 马力 L4
变速箱	E-CVT 无级变速
长×宽×高(毫米)	5175×1995×1785
轴　距	3060 毫米
整备质量	2165 千克
最高车速	180 公里 / 时
0~100 公里 / 时加速	9.3 秒

梅赛德斯-奔驰 V 级

梅赛德斯-奔驰 V 级（Mercedes-Benz V Class）是德国梅赛德斯-奔驰汽车公司在 1996 年推出的一款 MPV 型休旅车，至今已发展至第三代。

第三代奔驰 V 级采用了最新的奔驰家族式的设计方式，前脸配备了经典的扁平式进气格栅，格栅内部配备了两条镀铬和奔驰车标，看上去辨识度很高，并且透露出较强的豪华气息。两侧狭长的大灯组点亮之后的状态更加犀利，下方进气口造型扁平，并且被高亮的镀铬包覆，视觉效果营造得非常出色。平直流畅的腰线采用贯穿式的设计方式，将车头和车尾勾勒得更加有肌肉感，并且进一步拉伸了新车的视觉长度。

内饰方面，奔驰 V 级全系为 7 座布局，空间感非常优秀。车内采用大量的木纹加以点缀，豪华感更加强烈。第二排还配备了航空座椅，更加凸显出一种高级感。

基本参数 (2021 年款旗舰版)	
上市时间	2021 年 9 月
级　别	中大型 MPV
车身结构	5 门 7 座 MPV
驱动方式	前置后驱
发动机	2.0T 211 马力 L4
变速箱	9 挡手自一体
长×宽×高(毫米)	5400×1928×1920
轴　距	3430 毫米
整备质量	2550 千克
最高车速	185 公里/时
0~100 公里/时加速	8.6 秒

梅赛德斯-奔驰 R 级

梅赛德斯-奔驰 R 级（Mercedes-Benz R Class）是德国梅赛德斯-奔驰汽车公司在 2005 年推出的一款 MPV 型休旅车，自 2005 年进入中国市场以来，R 级凭借时尚而不张扬的造型、舒适的操控性能、宽大的空间以及高性价比迅速赢得了中国消费者的认可和欢迎。

R 级具备全时四轮驱动、设计先进的车轴、后空气悬挂、长轴距等多项特性，更装备了一系列旨在提高驾乘舒适性的动力性能系统，如用双叉形横臂悬架固定前轮增强行驶稳定性和操控性能，在后轮采用先进的四连杆结构，并将后轴空气悬挂作为标准装备。

R 级的内部空间和舒适度也都达到一流的标准，设计经典的 6 座以及宽敞的座椅间距使乘客更感舒适。头部空间和肩部空间也将该车的宽敞度和舒适性水平提升到了新高度。

基本参数 (2017 年款旗舰版)	
上市时间	2016 年 12 月
级别	中大型 MPV
车身结构	5 门 6 座 MPV
驱动方式	前置四驱
发动机	3.0T 272 马力 V6
变速箱	7 挡手自一体
长×宽×高(毫米)	5159×1922×1663
轴距	3215 毫米
整备质量	2333 千克
最高车速	240 公里/时
0~100 公里/时加速	7.8 秒

现代汽车鉴赏（家用汽车篇）

梅赛德斯-奔驰R级前侧方视角

梅赛德斯-奔驰R级内饰

梅赛德斯 – 奔驰 T 级

梅赛德斯 - 奔驰 T 级（Mercedes-Benz T Class）是德国梅赛德斯 - 奔驰汽车公司在 2022 年推出的一款 MPV 型休旅车，该车是梅赛德斯 - 奔驰 Citan 的客运版本，是既能满足家用需求，又能满足户外休闲的多功能用车。

梅赛德斯 - 奔驰 T 级采用了奔驰标志性的大标格栅设计，大灯为双 LED 日行车灯。A 柱区域拥有大尺寸的三角窗，可以拓宽驾驶者的视线。另外，虽然该车尺寸不是很大，不过还是保留了侧滑门的设计，可以方便后排乘客进出。车尾造型比较方正，双 LED 灯带设计的尾灯与前大灯形成了呼应。

内饰方面，该车采用三辐式方向盘以及 7 英寸悬浮式中控屏。座椅采用皮革包裹提升舒适性，前排座椅后方配备小桌板，后排座椅支持按照 4/6 比例放倒。

基本参数 (2022 年款旗舰版)	
上市时间	2021 年 8 月
级　别	紧凑型 MPV
车身结构	5 门 7 座 MPV
驱动方式	前置前驱
发动机	1.3T 131 马力 L4
变速箱	6 挡手动
长×宽×高(毫米)	4498×1859×1811
轴　距	2716 毫米
整备质量	1556 千克
最高车速	210 公里 / 时
0~100 公里 / 时加速	7.4 秒

马自达 5

马自达 5（Mazda 5）是日本马自达汽车公司在 2004 年推出的一款 MPV 型休旅车，是一款具备交流与动感元素的多功能车型。

马自达 5 的外观秉承马自达一向的运动硬朗的风格，车身比较修长，其标致性的扁平倒三角中网、锋利的组合大灯和车身线条搭配，犹如骏马般在奔驰。凭借其独一无二的创新型"百变"式座椅和储物空间，该车透射出一股舒适便利的实用气息。尤其是车内灵活多变的座椅布置，更有利于乘客之间的顺畅交流。马自达 5 采用了极为实用的大型滑动门，即使在狭小的空间，乘客也能方便、从容地上下车。

基本参数 (2013 年款旗舰版)	
上市时间	2013 年 4 月
级 别	紧凑型 MPV
车身结构	5 门 7 座 MPV
驱动方式	前置前驱
发动机	2.0L 144 马力 L4
变速箱	5 挡手自一体
长×宽×高(毫米)	4585×1750×1620
轴 距	2750 毫米
整备质量	1560 千克
最高车速	179 公里 / 时
0~100 公里 / 时加速	13.1 秒

马自达 8

马自达 8（Mazda8）是中国一汽马自达汽车公司在 2010 年推出的一款 MPV 型休旅车。

国产马自达 8 的前脸表现力非常凶悍，其设计为大刀型的大灯和马自达一贯采用的上下两部分进气格栅，还有夸张的雾灯造型和空间位置让人印象深刻。内饰方面也与海外版有所差别，国产马自达 8 排挡杆处并没有采用深色桃木装饰，而是运用整体风格更为搭配的注塑材质覆盖。一汽马自达还为该车打造了尊崇、豪华、舒适及私密的第二排空间，第二排右侧座椅可前后左右自由滑动，组成单人或双人 180 度平躺空间。防止噪音侵入的密封车体结构、轻量隔音材料、后部原厂私密高级黑色隔音玻璃等营造出最佳的静谧性与私密性。

基本参数 (2015 年款旗舰版)	
上市时间	2015 年 1 月
级　别	中型 MPV
车身结构	5 门 7 座 MPV
驱动方式	前置前驱
发动机	2.5L 163 马力 L4
变速箱	5 挡手自一体
长×宽×高 (毫米)	4860×1852×1685
轴　距	2950 毫米
整备质量	1787 千克
最高车速	185 公里 / 时
0~100 公里 / 时加速	13.6 秒

欧宝麦瑞纳

基本参数（2013年款旗舰版）	
上市时间	2013年9月
级　　别	紧凑型MPV
车身结构	5门5座MPV
驱动方式	前置前驱
发动机	1.4T 120马力 L4
变速箱	6挡手自一体
长×宽×高（毫米）	4288×1812×1615
轴　　距	2644毫米
整备质量	1360千克
最高车速	188公里/时
0~100公里/时加速	7.3秒

欧宝麦瑞纳（Opel Meriva）是德国欧宝汽车公司在2003年推出的一款MPV型休旅车，在经历两代发展之后，于2017年停产。

麦瑞纳的前脸和车身线条都采用了新的设计方式，整体上风格更加偏向于一款SUV车型。麦瑞纳的外观风格与别克的设计风格较为相似，特别是前大灯，鹰眼式大灯十分眼熟。大灯配备大面积的镀铬进气格栅和两侧微微上翘的前保险杠，整个车头变得更有立体感。车身侧面，各处线条充满了通用汽车的家族化元素，用波浪形的线条来增加后窗的尺寸，可以为后排乘客带来更宽敞明亮的采光空间。麦瑞纳有5个座位，瞄准家用市场，该车采用对开门设计方式，前后车门对开，最大开启角度为84度；后排车门门框高、门槛低，便于安置幼儿坐进儿童安全座椅。后车窗框线较传统车门下降5厘米，儿童坐在后排也有宽阔的视野。

第 4 章　多功能休旅车

欧宝赛飞利

欧宝赛飞利 (Opel Zafira) 是德国欧宝汽车公司在 1999 年推出的一款 MPV 型休旅车，历经三代发展，是欧宝汽车公司在 21 世纪的代表性产品。

第三代赛飞利前脸宽大的镀铬梁集成了欧宝的标志，围绕着前雾灯的个性线条内凹而且与保险杠一起构成 V 形风格前脸。头灯罩也采用了镀铬的外观。尾灯的银白色条带，贯穿整个尾部镀铬梁，进一步提升设计风格。全车采真皮座椅，前排高度可调并带侧面支撑及可调手动腰托。仪表板及多功能调整控制系统依人体工程学原理设计。主要的显示部位均位于紧凑设计的方向盘后，加之较高识别性的图形符号，使驾驶者在行车过程中能轻易地读取信息。

赛飞利车厢采用 2+3+2 的坐位编排方式，除驾驶位外的 6 个座椅均可折叠，轻松实现了 49 种内部空间的组合，可以多人乘座，也可以厢式货车。

基本参数 (2013 年款旗舰版)	
上市时间	2013 年 8 月
级　别	紧凑型 MPV
车身结构	5 门 7 座 MPV
驱动方式	前置前驱
发动机	1.4T 140 马力 L4
变速箱	6 挡手自一体
长×宽×高(毫米)	4656×1884×1685
轴　距	2760 毫米
整备质量	1700 千克
最高车速	197 公里/时
0~100 公里/时加速	8.1 秒

现代汽车鉴赏(家用汽车篇)

赛飞利(第三代车型)前侧方视角

赛飞利(第三代车型)内饰

第 4 章　多功能休旅车

起亚卡伦斯

起亚卡伦斯（Kia Carens）是韩国起亚汽车公司在 1999 年推出的一款 MPV 型休旅车，至今已发展至第四代。

起亚卡伦斯融合了 SUV 的外观、MPV 的空空间，以及轿车操控和舒适的风格。车内可更换、可调节的 7 座座椅以及宽敞便捷的储物空间给消费者带来了非常好的用车体验。车内采用了全数字驾驶员显示屏和 10.25 英寸的触摸屏信息娱乐系统，配备 64 色 LED 环境照明、空气净化器和通风的前排座椅。安全方面，起亚卡伦斯配备 6 个安全气囊和 4 盘式刹车作为标准配置，并配备其他驾驶员辅助功能，如电子稳定控制、斜坡下降控制、侧翻缓解和斜坡辅助等。

基本参数 (2022 年款旗舰版)	
上市时间	2022 年 2 月
级　别	紧凑型 MPV
车身结构	5 门 7 座 MPV
驱动方式	前置前驱
发动机	1.5L 140 马力 L4
变速箱	6 挡手自一体
长×宽×高(毫米)	4540×1800×1700
轴　距	2780 毫米
整备质量	1895 千克
最高车速	204 公里 / 时
0~100 公里 / 时加速	10 秒

起亚嘉华

基本参数(2021年款旗舰版)	
上市时间	2021年9月
级　　别	中大型MPV
车身结构	5门7座MPV
驱动方式	前置前驱
发动机	2.0L 233马力L4
变速箱	8挡手自一体
长×宽×高(毫米)	5155×1995×1795
轴　　距	3090毫米
整备质量	2095千克
最高车速	205公里/时
0~100公里/时加速	11.2秒

起亚嘉华（Kia Carnival）是韩国起亚汽车公司在1998年推出的一款MPV型休旅车，至今已发展至第四代。

第四代嘉华整车外观打破MPV传统设计边界，以SUV硬朗大的造型设计刷新MPV审美定式，车头整体使用了起亚标志性的"虎啸式"造型，格栅采用矩阵式造型，内部辅以点阵状镀铬装饰，格栅左右两侧上方融入了分体式的远近光灯，隐藏式效果在不破坏前脸整体性的前提下，增大了前灯组的尺寸，从而使前大灯更为纤细，与硕大且线条相对简单的前脸相搭，营造出灵动的视觉效果。该车在内饰的设计上与大多数MPV车型不同，采用轿车内饰，功能布局清晰合理。在车内三排乘客满员的情况下，第四代嘉华的后备箱也能拥有627升的装载空间，而当第三排座椅隐藏收纳后，装载空间达到1793升。第三排座椅可以按比例折叠，可以更灵活地配置乘坐/储物空间，增强空间的实用性。

日产 NV200

　　日产 NV200（Nissan NV200）是日本日产汽车公司在 2009 年推出的一款 MPV 型休旅车，中国在 2010 年将其引进，由东风日产汽车公司负责生产和销售。

　　日产 NV200 以其设计豪华风尚的全新前脸、动感时尚的新轮毂样式、稳重大气的后尾灯，使整车保留城市化面容的同时，又不失稳重干练。"V"字形的进气栅保护框搭配环形金属镀层，使其整个前脸成为更加时尚的日产家族脸谱外观。日产 NV200 在空间表现方面依然非常突出，而全新一代车型具有大尺寸的屏幕和更加丰富的配置功能，更加流畅的驾驶体验、更加经济省油的动力输出因而其家庭适用性被大大提高。

基本参数 (2018 年款旗舰版)	
上市时间	2017 年 12 月
级　　别	紧凑型 MPV
车身结构	5 门 7 座 MPV
驱动方式	前置前驱
发动机	1.6L 124 马力 L4
变速箱	CVT 无级变速
长×宽×高(毫米)	4400×1695×1847
轴　　距	2725 毫米
整备质量	1385 千克
最高车速	175 公里 / 时
0~100 公里 / 时加速	9.3 秒

现代汽车鉴赏（家用汽车篇）

现代 ix20

现代 ix20（Hyundai ix20）是由韩国现代汽车公司在 2010 年推出的一款 MPV 型休旅车。

现代 ix20 由设在德国吕瑟尔斯海姆的现代欧洲研发中心设计和研发，采用了新一代现代的"流体雕刻"设计技术，其设计的大倾斜角度的 A 柱和蓄势待发的姿态与传统的 MPV 车型相去甚远，紧凑干练的尾部造型显得非常时尚，上窄下宽的小尾窗设计既降低了视觉中心，动感的态势也与前脸运动的风格相互呼应。尾灯造型极富变化性，向外拱起的表面和锋利的造型，将尾部勾勒得颇有力度。保险杠显得尤为厚重，并在下方设计了类似于扩散器的黑色装饰，配合车顶大型的扰流板，使这款小车的形态犹如锦上添花。

内饰紧密的接缝、银色的面板以及点缀的钢琴烤漆，共同营造出一种活泼又不失稳重的内饰氛围。这款车不仅具有动感的外形和富有乐趣的驾驶体验，还能够搭载多名乘客。

基本参数 (2019 年款旗舰版)	
上市时间	2019 年 5 月
级　别	紧凑型 MPV
车身结构	5 门 5 座 MPV
驱动方式	前置前驱
发动机	1.6L 125 马力 L4
变速箱	5 挡手动
长 × 宽 × 高（毫米）	4100×1765×1600
轴距	2615 毫米
整备质量	1710 千克
最高车速	230 公里 / 时
0~100 公里 / 时加速	6.7 秒

第 4 章　多功能休旅车

现代库斯途

现代库斯途（Hyundai Custo）是由北京现代汽车公司在 2021 年推出的一款 MPV 型休旅车。

外观方面，源自宝石本质和矿物质原始线条灵感的参数化钻石前格栅，极具视觉冲击力，并且还将一双"鹰翼"LED 日间行车灯巧妙地隐藏其中，在保证实用性的同时，看起来也更加年轻化。设计凌厉的车身线条与短前悬长轴距令它看起来动感十足。细节之处，库斯途在门把手、侧裙、后包围等位置，都采用菱形格纹路加以点缀，进一步提升了整车档次感。双侧电动门，通过钥匙和司机头顶按键均可控制，轻松方便。

内饰方面，库斯途除了给人浓烈的居家感受外，车内设计的横向线条和贯穿式空调出风口，营造出极强的层次感。此外，四幅式方向盘、全数字化仪表以及 10.4 英寸悬浮式中控竖屏，设计简约而又不失科技感。

基本参数 (2022 年款旗舰版)	
上市时间	2022 年 5 月
级　　别	中大型 MPV
车身结构	5 门 7 座 MPV
驱动方式	前置前驱
发动机	1.5T 170 马力 L4
变速箱	8 挡自动
长×宽×高(毫米)	4950×1850×1734
轴　距	3055 毫米
整备质量	1712 千克
最高车速	200 公里/时
0~100 公里/时加速	13.9 秒

现代汽车鉴赏（家用汽车篇）

现代库斯途后侧方视角

现代库斯途内饰

第 4 章 多功能休旅车

雪佛兰沃兰多

基本参数 (2020 年款旗舰版)	
上市时间	2020 年 8 月
级　别	紧凑型 MPV
车身结构	5 门 7 座两厢车
驱动方式	前置前驱
发动机	1.3L 156 马力 L3
变速箱	6 挡手自一体
长×宽×高 (毫米)	4684×1807×1627
轴　距	2796 毫米
整备质量	1520 千克
最高车速	190 公里 / 时
0~100 公里 / 时加速	7.9 秒

　　雪佛兰沃兰多（Chevrolet Orlando）是美国雪佛兰汽车公司在 2010 年推出的一款 MPV 型休旅车，至今已发展至第二代。

　　作为一款全能座驾车，沃兰多凭借"一车多能"的核心优势以及极富动感的潮流外观、5+2 的灵动空间，为新时代年轻消费带来驾驭新享受、低耗新表现、互联新科技。

　　第二代沃兰多采用了雪佛兰全新一代家族设计方式，前脸采用上窄下宽的全新家族式双格栅，辅以高亮黑的梯形格栅凸显大嘴造型，配合发动机盖两侧隆起的肌肉线条，格栅两侧的 C 形通透气帘、黑色下扰流板和拱起的轮眉等设计元素。此外，该车还有 LED 自动头灯、立体多型面 LED 尾灯、LED 日行灯、全景天窗、行李架等实用配置。车辆内部设计充分考虑到功能性和舒适性，当沃兰多满员乘坐 7 人时，后备箱仍能放下两个 20 寸的旅行箱。同时，车顶的多功能行李架还可进一步拓展运载功能。

现代汽车鉴赏(家用汽车篇)

雪佛兰沃兰多(第二代车型)前侧方视角

雪佛兰沃兰多(第二代车型)内饰

第 5 章 皮 卡

随着皮卡市场的高速发展,皮卡车多元化的功能属性也在不断被挖掘。这种车型不仅能载物、载人,越野能力也很强,轻松实现"一车多用,宜家宜商"。因此,越来越多的消费者在购车时将皮卡车作为首选。

本田山脊线

本田山脊线（Honda Ridgeline）是日本本田汽车公司在 2006 年推出的一款皮卡，至今已发展至第二代。

本田山脊线是汽车市场上一款独特的产品，凭借扬声器和行李箱以及冷却器等独一无二的功能，还有双动作后挡板和同级别中最大的驾驶室，使其在中型皮卡车领域脱颖而出。第二代山脊线的车头变得更加方正，发动机盖凸起的筋线更加明显。此外，进气格栅的面积也有所增大，并与发动机盖相融合。进气格栅的顶端使用了一条镀铬饰条进行点缀，这条类似于胡子造型的镀铬饰条一直延伸到车头 LED 大灯组的内部，使得车头整体更有气势，辨识度更高。车内配备了 8 英寸触摸屏，兼容安卓和苹果系统。豪华的附加功能包括天窗、驾驶记忆系统、加热方向盘、LED 大灯和电动滑动后窗等。

基本参数 (2021 年款旗舰版)	
上市时间	2021 年 3 月
级别	中型皮卡
车身结构	4 门双排座
驱动方式	前置前驱
发动机	3.5L 280 马力 V6
变速箱	9 挡自动
长×宽×高（毫米）	5258×1976×1786
轴距	3099 毫米
整备质量	2065 千克
最高车速	180 公里 / 时
0~100 公里 / 时加速	9.1 秒

第 5 章 皮 卡

本田山脊线（第二代车型）前侧方视角

本田山脊线（第二代车型）内饰

菲亚特斯特拉达

菲亚特斯特拉达（Fiat Strada）是意大利菲亚特汽车公司在1998年推出的一款皮卡，至今已推出第二代。

菲亚特斯特拉达是一种承载式车身皮卡。在南美等地，承载式车身皮卡是消费者最喜欢的皮卡，因为其不仅能拉货，还能在市区狭窄的街道上穿行，便宜省油，菲亚特斯特拉达曾是巴西皮卡市场的销量冠军。

基本参数 (2020年款旗舰版)	
上市时间	2020年6月
级别	小型皮卡
车身结构	4门双排座
驱动方式	前置前驱
发动机	1.5L 84马力 L4
变速箱	5挡手动
长×宽×高(毫米)	4398×1665×1505
轴距	2715毫米
整备质量	1606千克
最高车速	163公里/时
0~100公里/时加速	13.5秒

新一代菲亚特斯特拉达采用了全新的设计方式，沿袭了菲亚特小型车的设计技术，整体造型呈流线型，动感十足。车型有单驾驶室和双驾驶室两个版本，单驾驶室版本标配两个正面安全气囊和电子稳定控制系统（ESC），在成人乘员保护方面实现了47.47%、儿童乘员保护22.08%、行人和弱势道路使用者保护40.23%以及安全辅助41.86%。双驾驶室版本标配4个安全气囊、两个正面和两个侧头胸部安全气囊以及ESC，在成人乘员保护方面实现了41.39%、儿童乘员保护52.96%、行人和弱势道路使用者保护40.23%和安全辅助48.84%。

第 5 章 皮 卡

菲亚特斯特拉达（第二代车型）前侧方视角

菲亚特斯特拉达（第二代车型）内饰

菲亚特托罗

菲亚特托罗（Fiat Toro）是意大利菲亚特汽车公司在 2016 年推出的一款皮卡。

菲亚特托罗源自菲亚特 FCC4 概念车，整个照明套件（主大灯、雾灯、方向灯和位置灯）采用 LED 技术。18 英寸车轮呈现出抛光铝和石墨灰色调，配备了混合用途轮胎。其精致的车顶纵梁是铝色的，把手和装饰是镀铬的。车内垂直格式的 10.1 英寸多媒体屏幕十分抢眼。此外，该车还标配了两区自动气候控制，因此驾驶员和乘客可以独立选择理想的温度。

在主动安全方面，它标配了电子制动分配、稳定性和牵引力控制、坡道起步辅助和电子侧翻控制等系统，在这种具有控制中心的高重力车辆中非常有用。

基本参数 (2016 年款旗舰版)	
上市时间	2016 年 5 月
级别	紧凑型皮卡
车身结构	4 门双排座
驱动方式	前置前驱
发动机	1.3L 170 马力 L4
变速箱	9 挡自动
长 × 宽 × 高 (毫米)	4915×1844×1746
轴距	2990 毫米
整备质量	1619 千克
最高车速	183 公里 / 时
0~100 公里 / 时加速	13 秒

福特独行侠

福特独行侠（Ford Maverick）是美国福特汽车公司于 2021 年推出的一款皮卡。

福特独行侠在外观上采用了硬派越野车风格，中网格栅不仅采用了更大尺寸的矩形设计方式，还内嵌粗犷的横向熏黑中央饰条，两侧头灯组则设计为经典的 C 形。福特为该车配备了个性的花瓣式轮圈，尾灯的造型也与 F 系列皮卡相似。

基本参数 (2021 年款旗舰版)	
上市时间	2021 年 6 月
级别	紧凑型皮卡
车身结构	4 门双排座
驱动方式	前置前驱
发动机	2.0L 191 马力 L4
变速箱	8 挡自动
长×宽×高 (毫米)	5072×1844×1745
轴距	3076 毫米
整备质量	1616 千克
最高车速	200 公里 / 时
0~100 公里 / 时加速	8.1 秒

内饰方面与传统福特皮卡有着明显的不同，采用了更贴近乘用车的设计理念，配有全液晶仪表盘、悬浮式大尺寸中控屏、旋钮式换挡结构等，福特独行侠的货箱相较于福特游骑兵更短，但是其双拖车钩和长悬挂行程设计则意味着该车不会放弃越野性能。

福特游骑兵

福特游骑兵（Ford Ranger）是美国福特汽车公司在 1983 年推出的一款皮卡，至今已发展至第四代车型。福特游骑兵定位为高端中型皮卡，其主要消费者是对皮卡大储物空间有需求的美国家庭用户和国内消费者。

第四代游骑兵采用了立体分层式 LED 灯组，两侧大灯设计为 C 字形，车身侧面造型简洁，同时车辆整体线条设计也更加接近 F-150，显得比较硬朗，前后轮眉搭配大尺寸越野轮胎显得极富力量感。车尾部视觉效果较为宽阔，搭配有双出排气，同时两侧尾灯样式经过重新设计，更显时尚感，侧踏板和后保险杠也采用了全新设计方式，更便于用户进入后货箱。货箱尾部挡板还集成了移动工作台、测量尺等功能。

基本参数 (2019 年款旗舰版)	
上市时间	2019 年 2 月
级别	中型皮卡
车身结构	4 门双排座
驱动方式	前置四驱
发动机	2.3L 274 马力 L4
变速箱	10 挡手自一体
长×宽×高(毫米)	5398×2028×1873
轴距	3226 毫米
整备质量	2014 千克
最高车速	200 公里/时
0~100 公里/时加速	8.5 秒

第 5 章 皮 卡

福特游骑兵（第四代车型）前侧方视角

福特游骑兵（第四代车型）内饰

福特 F-150 猛禽

福特 F-150 猛禽（Ford F-150 Raptor）是美国福特汽车公司在 2010 年推出的一款皮卡，截至 2023 年已发展至第三代。

新一代福特 F-150 猛禽继承了前两代车型孔武有力的刚劲外观设计传统，黑色钢制前、后保险杠与前、后轮眉共同营造出了更具力量感的视觉效果。熏黑的中网、更简洁的前大灯与更宽大的下护板让新车前部的视觉冲击力更加强烈。作为高性能越野皮卡，福特 F-150 猛禽最大拖曳质量达到 2 吨。内饰方面，一如既往地宽敞和舒适，同时各项配置齐全，包括硕大的 12 英寸中控屏幕和全液晶仪表盘，以及在恶劣环境中使用更方便的各种物理按键。

福特 F-150 猛禽首次采用了量身定制的全新五连杆后悬架系统，实现了历代 F-150 中最长的悬架行程，推动车辆越野性能再度得到提升。

基本参数（2022 年款旗舰版）	
上市时间	2022 年 6 月
级别	大型皮卡
车身结构	4 门双排座
驱动方式	前置四驱
发动机	5.2T 700 马力 V8
变速箱	10 挡手自一体
长 × 宽 × 高（毫米）	5890×2190×1990
轴距	3710 毫米
整备质量	2584 千克
最高车速	200 公里 / 时
0~100 公里 / 时加速	4.5 秒

第 5 章 皮卡

小知识：

福特 F-150 猛禽一直是福特旗下的经典皮卡，是 F-Series 系列中销量最高的车型，并高踞美国的十大畅销车榜首，连续多年获得美国最佳汽车称号，它的销量超过了其他任何一种大型卡车品牌。

福特 F-150 猛禽（第三代车型）前侧方视角

福特 F-150 猛禽（第三代车型）内饰

现代汽车鉴赏（家用汽车篇）

福特 Super Duty

福特 Super Duty（Ford Super Duty）是美国福特汽车公司在 1999 年推出的一款皮卡，至今已发展至第五代。

第五代福特 Super Duty 外观设计部分延续了该品牌的家族特色，与新款 F-150 颇为相似。宽大的横条式前中网非常有辨识度。下包围部分采用了三段式的设计方式，并在周围加入亮银色的镀铬饰条，保持了高大威猛的纯正美式风格。该车对大灯组进行改进，尺寸有所增加的同时将灯组放置在前脸巨大的镀铬饰条两侧，具有强烈的层次感和力量感，展现了美式工业的硬派风格和强大的气场。

内饰设计方面坚持精简路线，12 英寸全液晶仪表 UI 界面设计清晰简单，界面上可以显示多种车辆动态。而悬浮式中控屏幕区分 8 英寸与 12 英寸可选，部分车型还拥有 5G 互联、盲区监测等技术，智能化水准得到显著进步。HUD 抬头显示功能也是一大亮点。此外，考虑到该车尺寸庞大，其还支持带拖挂场景的 360 度全景影像。

基本参数 (2016 年款旗舰版)	
上市时间	2016 年 7 月
级别	中型皮卡
车身结构	4 门双排座
驱动方式	前置四驱
发动机	6.8L 385 马力 V8
变速箱	6 挡手自一体
长×宽×高 (毫米)	5888×2032×1976
轴距	3597 毫米
整备质量	2470 千克
最高车速	200 公里 / 时
0~100 公里 / 时加速	7.1 秒

丰田海拉克斯

丰田海拉克斯（Toyota Hilux）是日本丰田汽车公司在 1968 年推出的一款皮卡，至今已发展至第八代。

新一代海拉克斯在外观方面采用尺寸更大的进气格栅，并且还拥有最新的黑色内部结构以及最新的运动化车辆保险杠，从而进一步突出了车辆的精致感和运动气质。与此同时该车还采用更加硬朗的车身侧面线条以及黑色的车身轮毂，再加上最新的简洁化后尾灯和最新的运动化前后保险杠，可以说整车在运动元素方面更加丰富。

内饰方面，海拉克斯除了更换了最新的运动化车辆座椅之外，还采用了全新的多功能方向盘以及最新的中控大屏，并且该车还了最新的车道保持稳定系统以及最新的自适应巡航系统，而且这款车型同样采用了和丰田普拉多相同的非承载车身以及最新的 4 驱系统。

基本参数 (2022 年款旗舰版)	
上市时间	2022 年 6 月
级别	中型皮卡
车身结构	4 门双排座
驱动方式	前置四驱
发动机	4.0L 238 马力 V6
变速箱	6 挡手自一体
长×宽×高(毫米)	5335×1855×1815
轴距	3085 毫米
整备质量	2100 千克
最高车速	175 公里 / 时
0~100 公里 / 时加速	7.6 秒

现代汽车鉴赏（家用汽车篇）

丰田坦途

丰田坦途（Toyota Tundra）是日本丰田汽车公司在 1999 年推出的一款皮卡，至今已发展至第三代。

丰田坦途是一款极其安全的车辆，安全配置包括侧帘式安全气囊、前侧碰撞安全气囊、拖车摇摆控制、回顾相机、防抱死制动、稳定性和牵引力控制以及前膝安全气囊。此外，丰田公司还为该车配备了升降套件。该套件适合新的下转向节、稳定器连杆、拉杆和套筒以及驱动轴到汽车前部。

基本参数 (2021 年款旗舰版)	
上市时间	2021 年 2 月
级别	大型皮卡
车身结构	4 门双排座
驱动方式	前置四驱
发动机	3.4T 394 马力 V6
变速箱	10 挡手自一体
长×宽×高（毫米）	6414×2032×1984
轴距	4181 毫米
整备质量	2524 千克
最高车速	200 公里/时
0~100 公里/时加速	5 秒

车内配备仪表板有一个标准的 8 英寸触摸屏，但也有一个可选的 14 英寸屏幕。两者都可提供更好的分辨率触摸响应。

第 5 章 皮 卡

丰田坦途(第三代车型)前侧方视角

丰田坦途(第三代车型)内饰

丰田塔科马

丰田塔科马（Toyota Tacoma）是日本丰田汽车公司在 1995 年推出的一款皮卡，至今已发展至第三代。

在第一代塔科马面世之后，虽然外观和同时期的海拉克斯十分相似，但消费者通过驾驶可以明显地感觉出这款车的舒适性、操控性、安全性、承载能力以及车身尺寸上都要比海拉克斯的表现更加完美。最终在经历了三次改款后，第一代车型在 2004 年正式退出市场。在此期间，这款车其销量超过百万辆，并且获得了中型皮卡市场全美销量第二的好成绩。

第三代塔科马在这次换代中为其更换了新的动力总成，之前车款的优点全都得到了保留。

基本参数 (2022 年款旗舰版)	
上市时间	2022 年
级别	中型皮卡
车身结构	4 门双排座
驱动方式	前置四驱
发动机	3.5L 282 马力 V6
变速箱	6 挡自动
长×宽×高(毫米)	5728×1910×1793
轴距	3571 毫米
整备质量	2032 千克
最高车速	160 公里/时
0~100 公里/时加速	7.7 秒

第 5 章 皮 卡

丰田塔科马（第三代车型）前侧方视角

丰田塔科马（第三代车型）内饰

林肯布莱克伍德

林肯布莱克伍德（Lincoln Blackwood）是美国林肯汽车公司在 2002 年推出的一款皮卡，后因销量不佳停止生产，总产量为 3356 辆。该车也成为林肯汽车生产时间最短的一款汽车。

与传统皮卡车不同的是，布莱克伍德的货物区域并不是开放的，而是由液压动力操作的硬质箱盖加以保护。它没有普通的可折叠后挡板，而是一对从中间打开的狭窄荷兰式舱门。而且其内部并不是简单的涂漆金属，而是铺有地毯，采用 LED 照明，并在侧面衬有抛光铝板。

布莱克伍德内饰采用了深色水晶橡木装饰，并配有木质皮革装饰的方向盘、带孔的黑色皮革面料座椅以及带加热和通风功能前排座椅。

基本参数 (2001 年款旗舰版)	
上市时间	2001 年
级别	大型皮卡
车身结构	4 门双排座
驱动方式	前置四驱
发动机	5.L 300 马力 V8
变速箱	4 挡自动
长×宽×高（毫米）	5593×1981×1869
轴距	3518 毫米
整备质量	1834 千克
最高车速	180 公里/时
0~100 公里/时加速	7.1 秒

第 5 章 皮 卡

日产纳瓦拉

日产纳瓦拉（Nissan Navara）是日本日产汽车公司在 1986 年推出的一款皮卡，至今已发展至第四代。

第四代纳瓦达前脸部分横置的镀铬中网采用家族式的设计方式，并且连接两侧的大灯。灯组内部的设计十分的精致，点亮后照明效果很好。下方两侧的雾灯处内部设计有 LED 的日间行车灯，并且周围采用熏黑的设计技术，保险下方采用熏黑的包围，中间还有银色饰板的装饰，显得动感十足。并且还装配有绞盘，不仅更加有实用性，而且越野性能也越高。

车内三幅式多功能方向盘与内嵌式的液晶大屏强化了整车的科技感，其大面积的软包材质包裹，更加体现了内饰的豪华感。

基本参数 (2021 年款旗舰版)	
上市时间	2021 年 7 月
级别	中型皮卡
车身结构	4 门双排座
驱动方式	前置四驱
发动机	2.5L 190 马力 L4
变速箱	7 挡自动
长 × 宽 × 高 (毫米)	5266×1850×1839
轴距	3150 毫米
整备质量	1788 千克
最高车速	160 公里 / 时
0~100 公里 / 时加速	9 秒

日产泰坦

日产泰坦（Nissan Titan）是日本日产汽车公司在 2003 年推出的一款皮卡，至今已发展至第二代。

新一代泰坦前脸运用了大量的矩形元素搭配前大灯和中网，显得霸气十足。大量的镀铬饰材进行装饰和威严霸气的前大灯放在一起，把整车衬托得比猛禽还有气势，而车身侧面和尾部则反其道而行。使用了大量的银色配色。内部空间进行了优化，把空间的利用率提高了几个档次。中控 9 英寸高分辨率液晶屏，支持苹果/安卓手机互联。前后零重力座椅能有效地减少车主长途行车的疲劳，还有同级别尺寸最大的全景天窗，让人长途驾驶中增添些许乐趣。

基本参数 (2021 年款旗舰版)	
上市时间	2021 年
级别	大型皮卡
车身结构	4 门双排座
驱动方式	前置四驱
发动机	5.6L 394 马力 V8
变速箱	9 挡自动
长×宽×高（毫米）	5814×2050×1961
轴距	3551 毫米
整备质量	2285 千克
最高车速	177 公里/时
0~100 公里/时加速	5.7 秒

第 5 章 皮 卡

日产泰坦（第二代车型）前侧方视角

日产泰坦（第二代车型）内饰

三菱 Triton

三菱 Triton（Mitsubishi Triton）是日本三菱汽车公司在 1978 年推出的一款皮卡，至今已发展至第五代。

第五代三菱 Triton 前脸的尺寸尤为巨大，再加上设计为三层分体式进气格栅，显得格外有气势。两侧的 LED 大灯也采用了多层设计方式，整体趋于立式的造型风格，形状富有动态且锐利。车身侧面，车身的造型设计较为平直，形变并不突出但功能性还是比较丰富，比如车顶行李架、侧踏板、大尺寸轮毂等。内饰方面中规中矩，仪表盘仍旧采用双机械式布局，没有任何夸张的设计，在 A 柱位置有一个扶手，既方便了上下车，在越野时也提供了很好的把握点。

基本参数 (2015 年款旗舰版)	
上市时间	2015 年 5 月
级别	紧凑型皮卡
车身结构	4 门双排座
驱动方式	前置四驱
发动机	2.4L 181 马力
变速箱	6 挡手自一体
长 × 宽 × 高 (毫米)	5210×1820×1780
轴距	3000 毫米
整备质量	1770 千克
最高车速	195 公里 / 时
0~100 公里 / 时加速	8 秒

第 5 章 皮 卡

三菱 Triton（第五代车型）前侧方视角

三菱 Triton（第五代车型）后侧方视角

双龙穆索

双龙穆索（SsangYong Musso）是韩国双龙汽车公司在 2002 年至 2005 年生产的一款皮卡。

双龙穆索的直接竞争对手是日产纳瓦拉、五十铃 D-MAX 等车型，和竞品相比，双龙穆索的车身长度和货厢长度都是最短的，虽说会影响到装载能力，但是对于市区通勤来说则有莫大的帮助。

双龙穆索的内饰、科技配置以及乘坐舒适性也是可圈可点的，比如配备了真皮材质的座椅，数码收音机以及蓝牙连接，同时支持苹果 CarPlay 和安卓智能连接的 8 英寸信息娱乐触摸屏。此外，还支持车载互联网功能。在被动安全方面，方向盘和转向柱区域配备了 6 个安全气囊，以保证在遇到突发危险时，最大程度地减轻对驾驶员的损伤。

基本参数 (2018 年款旗舰版)	
上市时间	2018 年
级别	中型皮卡
车身结构	4 门双排座
驱动方式	前置四驱
发动机	2.0L 225 马力 L4
变速箱	6 挡手自一体
长×宽×高(毫米)	5095×1950×1840
轴距	3100 毫米
整备质量	1975 千克
最高车速	151 公里/时
0~100 公里/时加速	16.4 秒

第 5 章 皮 卡

双龙穆索前侧方视角

双龙穆索后侧方视角

现代汽车鉴赏（家用汽车篇）

大众阿玛洛克

大众阿玛洛克（Volkswagen Amarok）是德国大众汽车公司在 2010 年推出的一款皮卡，至今已发展至第二代。

第二代大众阿玛洛克采用了横条式的中网，内部设计有银色的线条，下包围采用了梯形的格栅，并且带有银色的点缀。侧面轮拱的设计略带立体感，采用了大尺寸的运动轮毂造型，侧窗线的设计也偏向规整。车内的设计风格比较简洁，采用了竖向的屏幕造型，中控屏幕有 12 英寸以及 10.1 英寸可选，配置有福特 SYNC4 娱乐系统，座椅也呈现出豪华舒适的风格。

大众阿玛洛克标榜的不仅仅是艺术性的外观设计和完美的工程设计，还有高效的发动机，包括大众最为先进的 TDI 柴油发动机，它将使经济燃油性达到一个新的高度。

基本参数 (2021 年款旗舰版)	
上市时间	2021 年
级别	中型皮卡
车身结构	4 门双排座
驱动方式	前置四驱
发动机	3.0T 272 马力 V6
变速箱	8 挡手自一体
长×宽×高(毫米)	5254×2019×1878
轴距	3095 毫米
整备质量	2324 千克
最高车速	207 公里/时
0~100 公里/时加速	8 秒

五十铃 D-Max

五十铃 D-Max（Isuzu D-Max）是日本五十铃汽车公司于 2002 年推出的一款皮卡，至今已发展至第三代。

新一代五十铃 D-MAX 在延续其家族经典元素同时，将整车的力量感、厚重感与美学设计融合为一体。拥有自动开启功能的大灯则采用双 U 形鹰眼式自动 LED 设计，采用了 BI-LED 灯源及双稳态发光二极管，具有能耗低、亮度高、使用寿命长的优势。远近光灯、日间行车灯一体化集成设计，并带有透镜功能，聚光性更强。尾灯也设计为类似于战斗机喷气口的样式，内置矩阵式 LED 光源，大幅提升了行车时的辨识度和可见度。内饰采用全新直瀑式纵深设计方式，9 英寸中控触摸屏以及 7 英寸仪表显示屏，操作起来更加便捷。前排标配可电动调节的反向弹性震动式全包裹座椅，无论哪种路况都能体验到最为舒适的驾乘感受。

基本参数 (2021 年款旗舰版)	
上市时间	2021 年 5 月
级别	中型皮卡
车身结构	4 门双排座
驱动方式	前置四驱
发动机	1.9T 163 马力 L4
变速箱	6 挡自动
长×宽×高(毫米)	5265×1870×1850
轴距	3125 毫米
整备质量	2030 千克
最高车速	175 公里 / 时
0~100 公里 / 时加速	14.65 秒

现代汽车鉴赏（家用汽车篇）

五十铃 D-Max（第三代车型）前侧方视角

五十铃 D-Max（第三代车型）侧方视角

雪佛兰索罗德

基本参数 (2022 年款旗舰版)	
上市时间	2022 年
级别	大型皮卡
车身结构	4 门双排座
驱动方式	前置四驱
发动机	6.6L 451 马力 V8
变速箱	10 挡自动
长×宽×高（毫米）	6126×2062×1990
轴距	3744 毫米
整备质量	2272 千克
最高车速	200 公里/时
0~100 公里/时加速	5.5 秒

雪佛兰索罗德（Chevrolet Silverado）是美国雪佛兰汽车公司在 1998 年推出的一款皮卡，至今已发展至第四代。雪佛兰西尔维拉多作为最受现代人们欢迎的皮卡车之一，无疑拥有足以代言美系皮卡的强悍实力。

第一代雪佛兰索罗德品质出众，曾被打造成世界第一辆冰车，全冰制作的车身十分酷炫，当时测试员还驾驶着这款车行驶了 1.6 公里，让外界对雪佛兰的造车实力感到十分震撼。第二代雪佛兰索罗德配备了全面自动档，在动力方式上实现了双模混动，同时在外观上也大范围采用镀铬线条，粗犷的外观设计风格赢得了更多人的钟爱。第三代雪佛兰索罗德 6.2 升的 V8 发动机配合上 8AT 变速箱，驾控性能再获提升。第四代雪佛兰索罗德在保留原有强悍动力性能的基础上，还拥有 8 种针对不同行驶场景设计的车型，更加注重越野气质的表达。

现代汽车鉴赏（家用汽车篇）

雪佛兰索罗德（第四代车型）前侧方视角

雪佛兰索罗德（第四代车型）内饰

雪佛兰蒙大拿

雪佛兰蒙大拿（Chevrolet Montana）是美国雪佛兰汽车公司在2003年推出的一款皮卡，至今已发展至第三代。

2003年，雪佛兰蒙大拿的生产始于巴西圣若泽杜斯坎普斯。从那时起，它就成为同类产品中最成功的一个种车型，赢得了巨大的声誉。这款车既可以作为重型卡车使用，也可以作为家庭型车型。

第三代蒙大拿采用雪佛兰家族最新的设计方式，前脸分体式大灯十分抢眼，同时还配备大嘴式前格栅，内饰采用横向装饰条增强层次感。车内配有一个简单的8英寸触摸屏显示器，带有传统的仪表和用于气候控制的物理旋钮。此外，该车还配备了6个安全气囊、全LED大灯、盲点警报、无线充电和紧急制动警报等配置。

基本参数（2022年款旗舰版）	
上市时间	2022年12月
级别	紧凑型皮卡
车身结构	4门双排座
驱动方式	前置前驱
发动机	1.2L 133马力 L3
变速箱	5挡手动
长×宽×高（毫米）	4430×1650×1420
轴距	2710毫米
整备质量	1045千克
最高车速	168公里/时
0~100公里/时加速	12.3秒

雪佛兰科罗拉多

雪佛兰科罗拉多（Chevrolet Colorado）是美国雪佛兰汽车公司于2003年推出的一款皮卡，至今已发展至第三代。

第三代科罗多拉在造型上进行了重新设计，与以前的相比，更具有棱角形状。前大灯、进气格栅、保险杠甚至发动机罩都增加了许多折痕和斜线，造型更显立体。尾门不仅可以开闭，还可以调节角度，让车厢空间利用率更高。还保留了侧台阶，以使其更容易上下攀爬。内饰也进行了更新，显示仪表板和11.3英寸信息娱乐显示屏让内饰科技感得到提升。为了方便地操作，包括空调在内的部分功能采用按钮式，通过钢琴键盘式设计提高了可操作性。

针对第三代科罗拉多的耐用性，在动力方面也进行了强化。首先，气缸体变得更坚固。曲轴刚度也增加了30%。柴油发动机中使用的各种零件即使在恶劣环境下也不易损坏。

基本参数 (2022年款旗舰版)	
上市时间	2022年
级别	中型皮卡
车身结构	4门双排座
驱动方式	前置四驱
发动机	2.7T 310马力 L4
变速箱	8挡自动
长×宽×高(毫米)	5410×2143×2080
轴距	3337毫米
整备质量	2403千克
最高车速	200公里/时
0~100公里/时加速	6.9秒

现代圣克鲁兹

现代圣克鲁兹（Hyundai Santa Cruz）是韩国现代汽车公司在 2021 年推出的一款皮卡。

现代圣克鲁兹采用了现代标志性设计元素，并且整车造型十分精致有型，同轿车相比，车身也更加协调耐看。前脸方面，多边形进气格栅搭配点阵式中网，两侧新样式大灯非常犀利，底部两侧雾灯区域造型非常独特。车身侧面修长，车身腰线非常圆润，门把手设计为伸缩式。整个车尾非常大气，新样式尾灯造型十分宽大，排气设计为双边共两出设计。

现代圣克鲁兹是一款单体皮卡，只有前排两个座位，也可以称作"跨界车"，同时该车结合了 SUV 和皮卡车型的特点属性，外形是皮卡车型的同时，也有一种 SUV 既视感。

基本参数（2021 年款旗舰版）	
上市时间	2021 年
级别	紧凑型皮卡
车身结构	4 门双排座
驱动方式	前置四驱
发动机	2.5T 285 马力 L4
变速箱	8 挡自动
长×宽×高（毫米）	4970×1905×1695
轴距	3005 毫米
整备质量	1870 千克
最高车速	160 公里/时
0~100 公里/时加速	7.5 秒

现代汽车鉴赏（家用汽车篇）

现代圣克鲁兹前侧方视角

现代圣克鲁兹内饰

第 6 章　家用货车

　　现代家用货车一般都是厢式货车，也称封闭式厢型车（VAN），是一种起源于欧美的载货车辆，外观和主要作为家用车的 MPV 非常相似。从全球看，VAN 市场主要集中在欧洲、日本、中国和印度等国家和地区。目前，市场发展主要以商用、家用两种功能需求为主导，不断提高 VAN 的乘坐舒适性和安全性。

大众迈特威

大众迈特威（Volkswagen Multivan）是德国大众汽车公司于在1949年推出的一款厢式货车，现已发展至第七代。

外观方面，新一代迈特威采用大众最新的设计方式，前脸采用上下风短式进气格栅，上部为一条熏黑饰条横断式进气格栅，下部为蜂眼状的进气格栅，格栅上部采用一条贯穿灯带连接两边矩阵式LED大灯组，更具有辨识度。该车车身侧面刚劲有力的车身线条增强了整体车身的肌肉力量感。再搭配全新设计的10幅铝合金轮毂，使整体车身看似具有一定的商务氛围。内饰方面，该车采用大众内饰家族式设计元素，中控台为全液晶仪表盘，搭配内嵌式超大中控屏，科技感十足。

基本参数 (2019年款旗舰版)	
上市时间	2019年3月
级别	中大型VAN
车身结构	5门7座VAN
驱动方式	前置四驱
发动机	2.0T 204马力 L4
变速箱	7挡湿式双离合
长×宽×高(毫米)	4904×1904×1970
轴距	3000毫米
整备质量	2409千克
最高车速	197公里/时
0~100公里/时加速	10.4秒

第 6 章　家用货车

大众迈特威（第七代车型）前侧方视角

大众迈特威（第七代车型）内饰

现代汽车鉴赏（家用汽车篇）

福特全顺

福特全顺（Ford Transit）是美国福特汽车公司在 1965 年推出的一款厢式货车，至今已发展至第八代。

20 世纪 90 年代，福特汽车公司与中国江铃汽车公司进行技术合作，专门针对中国市场对第四代全顺进行升级设计，并于 1997 年正式上市中国市场，成为福特在华最成功的车型之一。目前，绝大多数全顺除了用于货运之外，还有客运和家庭用车。

基本参数（2017 年款旗舰版）	
上市时间	2017 年 11 月
级别	中型 VAN
车身结构	4 门 5 座 VAN
驱动方式	前置前驱
发动机	2.0T 202 马力 L4
变速箱	6 挡自动
长×宽×高（毫米）	4974×2032×2066
轴距	2933 毫米
整备质量	2030 千克
最高车速	156 公里/时
0~100 公里/时加速	6.8 秒

第八代福特全顺采用美国国家汽车工程协会（SAE）95% 标准的人体工程设计，风阻系数仅为 0.3 左右，速度感强，省油省力。该车的设计特点在于全顺独有的前车架设计，车架延伸至前端，提供了足够的缓冲空间。车架的变形不仅能自然吸收正面冲击能量，还能迅速将力沿车架传递到全身车架。

第 6 章　家用货车

福特全顺（第八代车型）前侧方视角

打开车门的福特全顺（第八代车型）

梅赛德斯 - 奔驰凌特

梅赛德斯 - 奔驰凌特（Mercedes-Benz Sprinter）是德国梅赛德斯 - 奔驰汽车公司在 1995 年推出的一款厢式货车，至今已发展至第三代。

凌特继承了梅赛德斯 - 奔驰品牌的血统，拥有卓越的安全性和品质，并且创新性地采用了航空舱式的设计方式，拥有非常舒适的乘坐体验。该车配备了同类车型中最先进的 ESP 电子稳定程序，包括 ABS 制动防抱死系统、ASR 加速防侧滑系统以及 EBD 制动力分配系统和 BAS 辅助制动系统等。作为大型商务车，凌特还采用 LAC 载荷自适应控制和 RMI 侧翻干预等诸多领先安全科技。此外，凌特的电子泊车辅助系统、光线雨量传感器及电动调节加热后视镜也为团队出行带来了更多的安全保障。

基本参数 (2016 年款旗舰版)	
上市时间	2015 年 12 月
级别	大型 VAN
车身结构	4 门 14 座 VAN
驱动方式	前置后驱
发动机	2.1T 150 马力 L4
变速箱	6 挡手动
长×宽×高（毫米）	7345×1993×2870
轴距	4325 毫米
整备质量	3880 千克
最高车速	130 公里 / 时
0~100 公里 / 时加速	10.3 秒

第 6 章　家用货车

梅赛德斯 - 奔驰凌特（第三代车型）前侧方视角

梅赛德斯 - 奔驰凌特（第三代车型）后侧方视角

现代汽车鉴赏（家用汽车篇）

日产君爵

日产君爵（Nissan Elgrand）是日本日产汽车公司在 1997 年推出的一款厢型货车，至今已发展至第三代。

第三代日产君爵依旧以商务风格为主，使用大面积的银色饰条格栅，分体式的大灯组十分霸气。两侧均为电动侧滑门，搭配悬浮式车窗，突出了时尚感。车尾被一条银色的饰条贯穿，尾灯尺寸更大，很有辨识度。内饰采用稳重的设计方式，T形中控台也采用日产最常见的内饰布局，中控屏设计为内嵌式，下方设计为断崖式，营造出很强烈的层次感。搭配触摸式功能按键以及全液晶仪表盘，在传统的基础上也提升了科技感。

基本参数 (2004 年款旗舰版)	
上市时间	2004 年
级别	中型 VAN
车身结构	4 门 5 座 VAN
驱动方式	前置前驱
发动机	2.5L 184 马力 V6
变速箱	4 挡手自一体
长 × 宽 × 高 (毫米)	4865×1825×1420
轴距	2750 毫米
整备质量	2675 千克
最高车速	220 公里 / 时
0~100 公里 / 时加速	10 秒

第 6 章　家用货车

日产君爵（第三代车型）前侧方视角

日产君爵（第三代车型）座椅特写

三菱得利卡

三菱得利卡（Mitsubishi Delica）是日本三菱汽车公司在1969年推出的一款厢式货车，至今已发展至第五代。

第五代得利卡采用最新的家族式外观造型，使用立体感十足的多层次进气格栅以及最新造型的分体式大灯，同时该车配备的最新样式的运动化铝合金轮毂和全地形轮胎，以及银色的车身下护板以及平直的车身线条，都让这款车的越野元素和精致感得到了全面的体现。该车还能够具有最新样式的中控台以及全新的7座座椅，并且第2排座椅拥有更大的灵活性，第3排座椅还可以折叠，带来的空间便利性也相当出色。

基本参数(2014年款旗舰版)	
上市时间	2013年12月
级别	小型VAN
车身结构	4门5座VAN
驱动方式	中置后驱
发动机	2.0L 122马力 L4
变速箱	5挡手动
长×宽×高(毫米)	4945×1695×1970
轴距	2435毫米
整备质量	1770千克
最高车速	140公里/时
0~100公里/时加速	6.9秒

第6章 家用货车

三菱得利卡（第五代车型）侧前方视角

三菱得利卡（第五代车型）内饰

参 考 文 献

[1] 英国 DK 出版社. DK 汽车大百科 [M]. 北京：北京科学技术出版社，2015.
[2] 央美阳光. 汽车世界大百科 [M]. 北京：化学工业出版社，2022.
[3] 陈新亚. 汽车标志和识别大全 [M]. 北京：化学工业出版社，2022.
[4] 京京工作室. 世界名车图典 [M]. 北京：化学工业出版社，2015.